BASICS

LA RECHERCHE
DE LA FORME

T0324376

KARI JORMAKKA

AVEC OLIVER SCHÜRER ET DÖRTE KUHLMANN

BASICS

LA RECHERCHE
DE LA FORME

BIRKHÄUSER
BASEL·BOSTON·BERLIN

TABLE DES MATIÈRES

Le travail de création est un processus hétérogène. Les approches, les stratégies et les méthodes sont souvent marquées par les expériences personnelles de l'architecte, par le contexte socioculturel et par les conditions techniques et économiques. S'il est vrai que le projet est l'acte d'une volonté créatrice individuelle, on peut néanmoins identifier des principes méthodologiques qui sont le reflet de certaines positions fondamentales ou de certains procédés.

Conçu pour faire suite à *Basics Idée de projet*, qui traite principalement de l'inspiration et des premières impulsions du travail de recherche de forme, le présent volume en expose les méthodes plus ou moins soumises à des règles et non fondées d'abord sur l'intuition. Les auteurs souhaitent proposer au lecteur divers procédés possibles et l'inciter à étudier en détail des conceptions d'architectes connus. Toujours expliquées à l'aide d'exemples concrets, les approches méthodologiques proposées s'inspirent de la nature, de la géométrie, de la musique et des mathématiques, de sources inconscientes ou rationnelles, ou encore de processus génératifs. Les méthodes de projet et les solutions spécifiques développées par les architectes sont illustrées d'exemples de bâtiments connus dont les plans et les coupes sont analysés. Comme la conception didactique du volume diffère en bonne partie de celle des autres ouvrages de la collection, par l'importance accordée aux exemples choisis dans l'histoire de l'architecture, certains éléments de présentation typiques de Basics n'ont pas été repris ici pour ne pas nuire à la continuité du texte.

Basics La Recherche de la forme s'adresse d'abord aux étudiants avancés et aux candidats au diplôme d'architecte désireux d'approfondir la question des méthodes de conception. Le but de cet ouvrage n'est cependant pas de conseiller une méthode en particulier, mais de proposer aux concepteurs une palette d'outils susceptibles d'être utilisés pour résoudre certaines tâches.

Bert Bielefeld
Directeur de collection

INTRODUCTION

La plupart des poètes aiment à donner leurs œuvres pour le fruit d'une intuition extatique et ils mettraient la dernière énergie à empêcher le public de regarder dans les coulisses de leur création. C'est du moins ce que prétend Edgar Poe dans son essai «La Genèse d'un poème», publié en 1846 et traduit par Baudelaire. Au lieu de mystifier l'acte créateur, Poe n'hésite pas à révéler les mécanismes de composition de son plus célèbre poème, «Le Corbeau». En un exposé minutieux, il veut nous démontrer que dans ce poème au romantisme ténébreux, rien n'est imputable au hasard ou à l'intuition, mais que l'œuvre a été menée à son achèvement pas à pas, avec la précision et la rigueur d'un raisonnement mathématique.

Par la suite, la méthode de composition de Poe a inspiré non seulement beaucoup d'écrivains, de compositeurs et d'artistes, mais aussi des architectes. Mais pourquoi s'astreindre à suivre une méthode spécifique pour réaliser un projet architectural? Certains architectes sont d'avis qu'une telle méthode est aujourd'hui nécessaire pour faire face à des problèmes tellement complexes qu'ils ne peuvent plus être résolus par la pure intuition ou par le savoir-faire traditionnel. D'autres attendent d'une méthode appropriée qu'elle leur permette de prendre des décisions objectivement justes. Il en est encore qui préconisent des méthodes universelles afin d'éviter que l'architecture ne dégénère en une célébration complaisante de la propre personnalité de l'architecte – c'est-à-dire un langage privé – ou en une reproduction irréfléchie de modèles familiers. Certaines méthodes d'avant-garde jouent avec l'idée selon laquelle la part laissée au hasard restreint le rôle de l'architecte, tandis que d'autres intègrent le futur usager dans le processus d'élaboration du projet.

Le présent ouvrage étudie diverses méthodes de projet d'architecture en se fondant sur des exemples pour mettre en évidence leurs points forts et leurs faiblesses. On en a développé plusieurs durant les vingt ou trente dernières années, alors que d'autres font partie de l'outillage de l'architecte depuis des siècles. Bien que certains théoriciens aient affirmé avoir trouvé une méthode universelle applicable à tous les bâtiments dans le monde entier, il n'existe aucune raison valable de déclarer une méthode en particulier seule correcte pour chaque projet. Il est donc important de choisir la mieux appropriée pour affronter les difficultés spécifiques soulevées par tel ou tel projet. Si son auteur est quelque peu familiarisé avec plusieurs méthodes, il aura plus de souplesse. Une méthode n'est cependant pas une machine capable de résoudre automatiquement les problèmes architecturaux. Elle facilite la recherche de solutions mais ne remplace en aucun cas le travail lui-même.

LA CONFORMATION AUX RÈGLES DE LA NATURE ET DE LA GÉOMÉTRIE

L'ARCHITECTURE BIOMORPHE

Le problème de la méthode de création ne concernait à l'origine que la forme. Ainsi, la principale caractéristique de l'architecture moderne était la conviction que la forme historique ne correspondait plus à l'esprit de l'époque et que les styles anciens avaient dégénéré en une mascarade immorale et anachronique inhibitrice de la créativité, porteurs de messages réactionnaires et donc mensongers, incapables de faire face aux multiples problèmes d'un environnement en pleine mutation sociale et technique.

Comme le faisait observer en 1915 Claude Bragdon, architecte et théoricien, le nouveau langage architectural puisait à trois sources principales : le génie individuel, la nature et la géométrie. La casa Milà de Gaudí à Barcelone (1907) et l'atelier de photographie Elvira d'August Endell à Munich (1897) peuvent servir d'exemples pour illustrer la confiance dans le génie individuel. › Ill. 1 et 2

Certains architectes cependant trouvaient de telles expériences trop subjectives et saugrenues pour pouvoir se substituer à l'autorité du passé. Ils voulaient créer une architecture fondée sur une base plus générale que le seul caprice de l'auteur du projet, mais aussi plus intemporelle que les modes passagères et plus universelle que l'emprunt aux traditions locales. L'étude de la nature leur offrait des modèles intelligibles et applicables dans différents environnements sociaux, indépendamment des

Ill.1:
Antoni Gaudí, toit de la casa Milà,
Barcelone

Ill.2:
August Endell, façade de l'atelier
Elvira, Munich

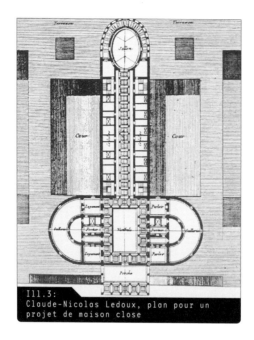

Ill.3:
Claude-Nicolas Ledoux, plan pour un
projet de maison close

particularités historiques et politiques. Quant à la géométrie, elle devait ouvrir à quelque chose de plus général encore : les principes d'ordonnance et les lois de la pensée. Dès lors, les architectes du premier modernisme, persuadés d'éviter ainsi l'imitation de modèles historiques, s'inspirèrent de la nature et des sciences pour leur recherche de formes.

Néanmoins, beaucoup d'ornements architecturaux historiques tirent leur forme d'éléments végétaux ou animaux : le chapiteau corinthien reproduit les feuilles d'acanthe, le bucrane est effectivement l'image d'un crâne de bœuf. À la fin du 18ᵉ siècle, certains architectes poussèrent l'idée à l'extrême en propageant une « architecture parlante », dont la forme évoquait plus ou moins directement la destination du bâtiment. Jean-Jacques Lequeu dessina une laiterie en forme de vache et Claude-Nicolas Ledoux une maison close dont le plan reproduisait un phallus. › Ill. 3

Ces formes iconiques avaient pour but de créer un langage architectural par lequel la fonction des bâtiments serait compréhensible partout et à travers les siècles, mais les projets les plus radicaux d'architecture parlante n'ont jamais été réalisés.

Les formes organiques connurent cependant une nouvelle vogue à la fin du 19ᵉ siècle. En 1905, Hendrik Petrus Berlage conçut un lustre en

PRIORITY
PRIORITAIRE

Expéditeur:

E-Mail:

Je suis
- Étudiant(e)
- Enseignant(e)

J'aimerais être tenu(e) informé(e) régulièrement des nouvelles parutions aux éditions Birkhäuser.

Une collaboration avec Birkhäuser en tant qu'auteur vous intéresse-t-elle ?
Dans ce cas, retournez-nous un questionnaire auteur dûment rempli.

Deux fois par an, 5 ouvrages Birkhäuser sont attribués aux gagnants désignés par tirage au sort parmi les réponses reçues. Tout recours juridique est exclu. Nous avisons les gagnants personnellement.

www.birkhauser.ch

**RÉPONSE PAYÉE
SUISSE**

Birkhäuser
Viaduktstrasse 42
4051 Basel
Schweiz

Votre avis nous importe !

1. Veuillez nous indiquer l'auteur et le titre de l'ouvrage dont vous venez de faire l'acquisition :

2. Veuillez évaluer ce livre en fonction des critères suivants
1= très bien, 5= insuffisant

	1	2	3	4	5
Actualité des contenus					
Exactitude des contenus					
Orientation vers la pratique					
Clarté de l'expression					
Présentation (Maquette)					
Qualité des illustrations/tableaux					
Structure, didactique					
Rapport qualité-prix					

3. Comment pourrait-on améliorer ce livre ?

4. Dans quels domaines particuliers avez-vous besoin d'informations ?

Conception	Science des matériaux
Bases de la représentation	Architecture paysagère
Construction	Urbanisme
Pratique professionnelle	Théorie
Physique/Installations du bâtiment	Design

5. Sur quel sujet un bon manuel ou ouvrage spécialisé vous fait-il encore défaut ?

6. Avez-vous d'autres remarques ? Remarques longues à : feedback@birkhauser.ch

7. Comment avez-vous eu connaissance de l'ouvrage en question ?

- Recommandation par un(e) autre étudiant(e)
- Recommandation par un(e) enseignant(e)
- Librairie
- Catalogue de l'éditeur
- Plaquette publicitaire
- Revue (Laquelle ?)
- Internet
- Présentation d'ouvrage parue dans
- Annonce parue dans
- Autre source (Laquelle ?)

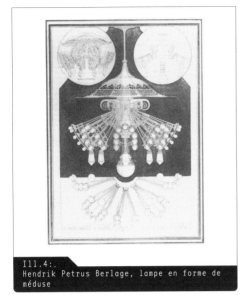

Ill.4:
Hendrik Petrus Berlage, lampe en forme de
méduse

Ill.5:
Hector Guimard, entrée de station de
métro à Paris

forme de méduse (illustré dans *Kunstformen der Natur*, d'Ernst Haeckel). Presque en même temps, Hector Guimard s'inspirait de formes de plantes et d'insectes pour les entrées des stations du métro parisien. › Ill. 4 et 5

Dans les premières années du 20ᵉ siècle, Rudolf Steiner, le mystique fondateur de la Société d'anthroposophie, artiste et architecte autodidacte, paraît avoir fusionné, pour la centrale de chauffage de la Communauté des chrétiens de Dornach, près de Bâle, des métaphores végétales et une forme générale de phallus. Hermann Finsterlin, autre architecte expressionniste de cette époque, reproduisit des formes de méduse, de moules, d'amibes et autres organismes dans ses projets très particuliers, mais non réalisés, du début des années 1920. › Ill. 6 et 7

Plus tard encore, quelques architectes recoururent parfois à des formes suggérant directement des plantes ou des animaux. Un des exemples les plus connus est le terminal TWA de l'aéroport Kennedy à New York, conçu par Eero Saarinen en 1962, où la fonction du bâtiment est évoquée par une forme d'oiseau sur le point de prendre son vol.

Des emprunts aussi directs au monde naturel ne manquèrent pas de susciter des critiques. De nombreux architectes choisirent une imitation en termes abstraits plutôt qu'une copie des formes naturelles elles-mêmes.

Ill.6:
Rudolf Steiner, centrale de chauffage
à Dornach

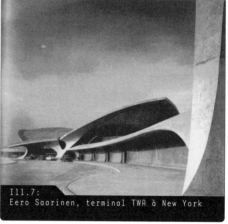

Ill.7:
Eero Saarinen, terminal TWA à New York

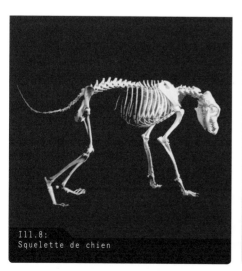

Ill.8:
Squelette de chien

Ill.9:
Santiago Calatrava, ossature conçue
d'après un squelette de chien (projet)

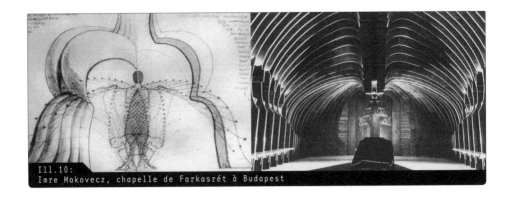

Vitruve déjà, auteur du plus ancien traité d'architecture qui nous soit parvenu (*De architectura*, vers 46–30 av. J.-C.) préconisait de s'inspirer des proportions humaines, sans toutefois reproduire les formes spécifiques du corps humain. Plus tard, certains architectes se fondèrent sur leurs études des organismes vivants pour développer des formes structurelles idéales. Santiago Calatrava, par exemple, chargé de dessiner un agrandissement de la cathédrale St. John the Divine à New York (concours de 1992), s'est inspiré d'un squelette de chien. Le résultat représente une synthèse de deux réflexions essentiellement distinctes : d'une part l'évocation des formes de la nature et de l'autre la réalisation architecturale de la voûte. › Ill. 8

La chapelle funéraire de Farkasrét, en Hongrie, d'Imre Makovecz (1975), est un autre exemple d'utilisation judicieuse de formes organiques en architecture. La structure du toit, finement articulée, dérive d'une chronophotographie du balancement des bras de l'architecte. La technique photographique conserve ici quelques qualités du corps, notamment sa géométrie complexe et une notion de variation, tout en produisant une image assez abstraite pour servir à une structure architecturale raisonnée. › Ill. 9 et 10

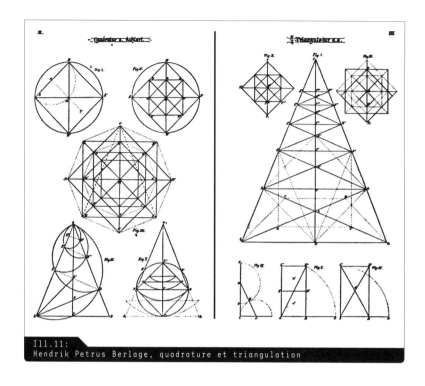

Ill.11:
Hendrik Petrus Berlage, quadrature et triangulation

QUADRATURE ET TRIANGULATION

Un autre moyen d'échapper aux pièges de la convention en architecture consiste à recourir à des modèles scientifiques et à des procédés mathématiques. Berlage, par exemple, dans ses œuvres de la maturité, plutôt que d'utiliser des modèles organiques, a la plupart du temps travaillé avec des systèmes de proportions et des grilles géométriques pour déterminer les formes exactes qu'il voulait obtenir. Dans ses écrits, il explique deux méthodes empruntées à l'architecture gothique, la «quadrature» et la «triangulation».
› Ill. 11 et 12

La quadrature désigne d'ordinaire une méthode mathématique permettant de déterminer la surface d'une figure plane en la divisant en un ensemble de formes dont la surface est connue. Mais en architecture, la quadrature sert à doubler ou à diviser la surface d'un carré donné. À partir de ce carré, par exemple, il est facile d'en construire un nouveau, dont la surface est la moitié du premier, en reliant le milieu de chacun des côtés. La triangulation utilise un procédé similaire basé sur le triangle équilatéral.

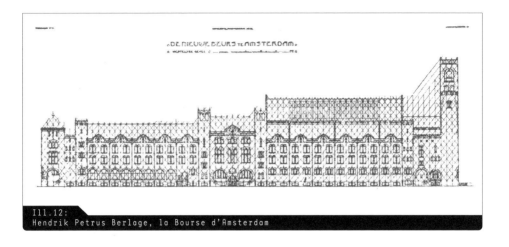

Ill.12:
Hendrik Petrus Berlage, la Bourse d'Amsterdam

Les méthodes de la quadrature et de la triangulation ont notamment fasciné les pionniers de l'architecture moderne parce qu'elles étaient associées au fameux « secret » des francs-maçons du Moyen Âge. Mais les bâtisseurs de l'architecture gothique les utilisaient pour des raisons avant tout pratiques. Comme il n'y avait pas de système de mesure unifié (la longueur du pied variant d'un pays à l'autre, voire d'une ville à l'autre), les maçons itinérants ne pouvaient pas se servir de dessins à l'échelle. La géométrie était donc pour eux un moyen de déterminer les dimensions d'un édifice à partir d'une esquisse sans échelle et sans l'aide d'une règle graduée. Solution de fortune au départ, la méthode de la quadrature ou de la triangulation n'en a pas moins donné naissance à une architecture complexe aux proportions cohérentes et harmonieuses.

Louis Sullivan, un des pionniers de l'architecture moderne, exposa ses propres méthodes géométriques dans son *Traité d'ornementation architecturale*, de 1924. Partant d'un simple carré traversé par des axes orthogonaux et diagonaux, il se sert de la quadrature et d'autres procédés géométriques pour arriver à de gracieux motifs floraux qui recouvrent le carré d'origine. Il voyait aussi dans ces formes un principe féminin émergeant du principe masculin de l'ordonnance géométrique. Ses ornements avaient pour base conceptuelle l'idée transcendantale selon laquelle la vie naît de l'opposition des forces dans un univers reposant sur des fondements dualistes. › III. 13

Les modernistes de la génération suivante abandonnèrent ces lectures symboliques mais continuèrent souvent se référer à la géométrie.

15

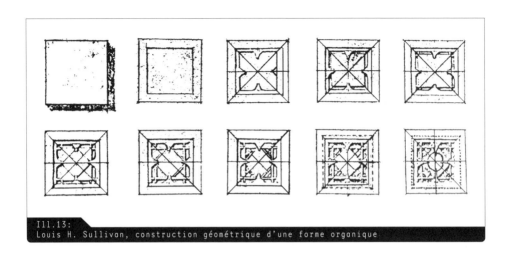

Ill.13:
Louis H. Sullivan, construction géométrique d'une forme organique

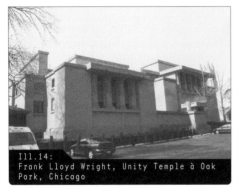

Ill.14:
Frank Lloyd Wright, Unity Temple à Oak
Park, Chicago

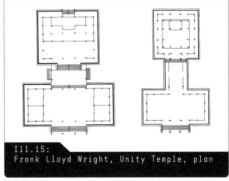

Ill.15:
Frank Lloyd Wright, Unity Temple, plan

Frank Lloyd Wright, qui avait été l'assistant de Sullivan, se servit même du dessin de la quadrature comme emblème de son agence. Mais plutôt qu'un symbolisme transcendant, Wright voyait dans la géométrie un moyen de se libérer de l'influence de l'architecture européenne qu'il jugeait étouffante, et de créer quelque chose de typiquement américain. Le Unity Temple, dans l'Oak Park de Chicago (1906–1908), en est un bon exemple. › Ill. 14 et 15

Pour interpréter ce bâtiment, les historiens de l'architecture recherchent généralement des constructions antérieures susceptibles de lui avoir servi de modèles. Certains affirment par exemple que Wright a imité le style cubique du pavillon allemand créé par Peter Behrens pour l'Exposition universelle de Saint Louis en 1904. Pour d'autres, Wright a adopté un type de plan › Chap. Les réponses aux données du site à bâtir, Le régionalisme emprunté

16

Ill.16:
Arthur Dow, étude d'ornement

Ill.17:
Friedrich Fröbel, jeu de cubes de
construction

aux temples japonais du style Gongen, tel le Nikko Taiyu-in-byo. L'église de Wright et ces temples non chrétiens se composent effectivement de deux grandes masses, l'une de plan presque carré, l'autre en rectangle allongé, et reliées par un élément secondaire. › Ill. 16

Selon d'autres encore, la construction s'inspire des principes de composition de l'art japonais, tels qu'ils ont été appliqués par le peintre Arthur Dow. Mais Wright lui-même suggéra une allusion aux plots de Fröbel, jeu de construction auquel il avait joué dans son enfance. › Ill. 17

Quoique partiellement plausibles, ces interprétations n'expliquent que certains aspects du projet. L'analyse géométrique s'avère ici utile.

En 1928, Wright publia un schéma analytique où il prétendait s'être servi d'une grille à module de sept pieds (213 cm) pour Unity Temple et son annexe, Unity House. L'emplacement des fenêtres, des jours zénithaux et de quelques autres détails peut assurément s'inscrire dans ce schéma, mais il est plus difficile d'y faire entrer les volumes principaux. Pour comprendre ces volumes, il faut reconstituer une autre grille modulaire basée sur la division du sanctuaire central en quatre quadrants. › Ill. 19 Les façades ajourées du temple définissent ainsi un carré comprenant seize de ces modules. L'élément de passage correspond à deux unités, de même que la salle de réunion, si l'on inclut la cheminée. À l'arrière, le local de couture a la profondeur d'une demi-unité (a). La salle de réunion est effectivement construite sur le même carré de base que le sanctuaire, mais les colonnes et les parois sont incluses dans le module.

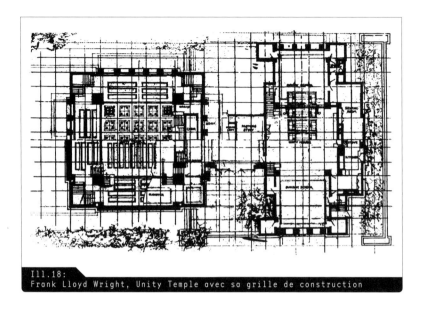

Cependant, pour éviter d'obtenir cet aspect répétitif et rigide qui nuit si souvent aux constructions modulaires, Wright a introduit des dimensions dérivées par quadrature qui ne s'inscrivent pas dans la grille du module. Les tours d'angle, par exemple, sont obtenues par rotation de 45 degrés de la diagonale de l'espace central (b). De manière similaire, les ailes latérales et la façade de la Unity House couvrent la surface d'un carré double dont le long côté est la diagonale du carré d'origine (c). La même opération est appliquée à toutes les échelles, jusqu'aux ornements (d). La coexistence de différents systèmes d'organisation confère à la construction une dynamique particulière sans pour autant la faire paraître arbitraire ni en entraver la lecture. › Ill. 18 et 19

Pour la petite église paroissiale de Riola, près de Bologne (1976–1978), Alvar Aalto a dessiné au compas et à l'équerre à 30/60/90° une façade très simple dans laquelle l'emploi de la triangulation est peut-être une évocation de la Trinité. Les points A, B et C forment un triangle rectangle dont AC est l'hypoténuse, correspondant au niveau du sol ; le segment AB forme un angle de 60° avec l'hypoténuse, le segment BC un angle de 30°. Pour définir l'emplacement des fenêtres de la claire-voie, qui fournissent un éclairage naturel à l'intérieur de l'église, on commence par tracer un segment BD perpendiculaire à AC qu'il recoupe en D. On trace ensuite, en prenant C comme centre, un arc de cercle qui coupe BC en E. Le segment EF perpendiculaire à AC sert de même à construire le point G, et ainsi de

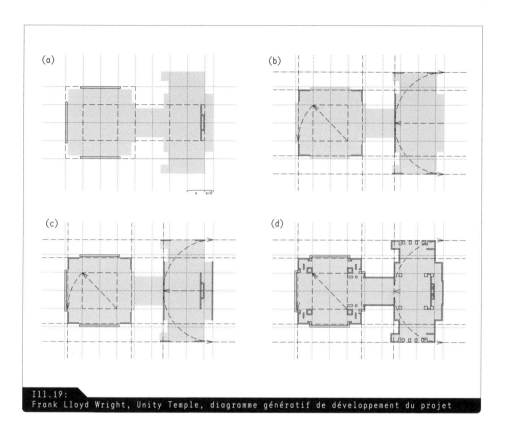

(a)

(b)

(c)

(d)

suite. On obtient de la sorte quatre segments BD, EF, GH et JK dont le rapport au précédent est de √3. En prolongeant le segment GH vers le haut de telle manière que CL forme un angle de 60° avec AC et en continuant la base jusqu'à M, de telle sorte que le triangle LMC soit isocèle, on détermine la façade sud de l'église. L'angle des arcs intérieurs en béton peut être obtenu par l'extension de la progression géométrique le long de la droite CB en deux étapes. La courbe des voûtes est tracée au compas depuis les points U, V, X et Y. › Ill. 20

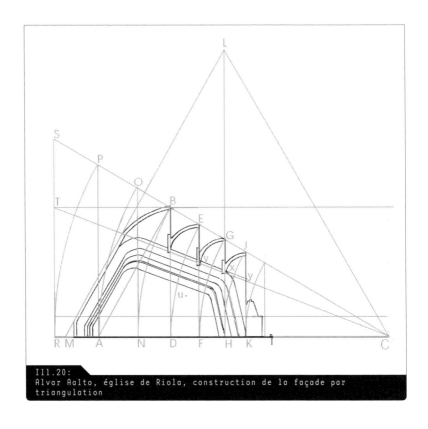

Ill.20:
Alvar Aalto, église de Riola, construction de la façade par
triangulation

LA MUSIQUE ET LES MATHÉMATIQUES COMME MODÈLES

LES ANALOGIES AVEC LA MUSIQUE

La structure mathématique de l'architecture gothique, avec son recours à la quadrature et à la triangulation, a poussé certains théoriciens à la qualifier de musique figée. À cause de cette analogie, de nombreux architectes se sont demandé s'il était possible de transposer les compositions musicales en formes spatiales ou architecturales.

Un des moyens pour donner aux sons une forme visible est l'expérience réalisée en 1787 par le physicien allemand Ernst Chladni. Après avoir répandu du sable fin sur une plaque de verre ou de métal, il lui imprima une vibration en frottant un archet de violon sur l'arête. Le sable, en s'éloignant des points de plus forte vibration, formait des figures complexes variables selon le point d'appui, l'épaisseur, la densité et l'élasticité

20

de la plaque, la position et la vitesse de l'archet, etc. De manière analogue, Bragdon proposa de voir dans l'architecture la simple fixation matérielle de modèles sonores fugaces. › Ill. 21 et 22

Il est aussi possible de rendre les sons visibles en traduisant les intervalles sonores d'une mélodie en nombres qui sont ensuite interprétés comme un système spatial. Ces recherches amenèrent Bragdon à réaliser des expériences avec des «carrés magiques», c'est-à-dire des matrices dans lesquelles l'addition des nombres de chaque colonne et de chaque ligne donne la même somme. Reliant par une ligne les chiffres d'une case à l'autre, dans l'ordre numérique, il créait une figure aléatoire complexe. › Ill. 23

Wassily Kandinsky et Paul Klee, les deux artistes majeurs du Bauhaus de Weimar, développèrent différents moyens de convertir une idée musicale en une réalité visuelle. En 1925, Kandinsky, fidèle à sa théorie générale des points, des lignes et des surfaces, présenta une alternative à la notation musicale traditionnelle. Sa transcription des premières mesures de la Cinquième Symphonie de Beethoven est cependant encore très proche de la notation traditionnelle, même si la portée a disparu. La notation se lit aussi de gauche à droite, la position de chaque note par rapport aux autres donne sa hauteur, la distance horizontale entre les notes indique leur durée, et la taille des points introduit l'élément dynamique. › Ill. 24 et 25

Comparée à cet essai, la transcription donnée par Klee en 1924 de l'adagio de la Sonate en sol majeur pour violon et clavecin n° 6 de Bach, est plus radicale. La portée y est remplacée par une grille uniforme comprenant des lignes horizontales, où les notes sont situées en fonction de leur

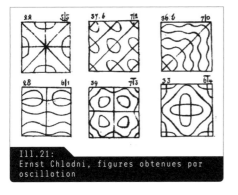

Ill.21:
Ernst Chladni, figures obtenues par oscillation

Ill.22:
Plaques de Chladni

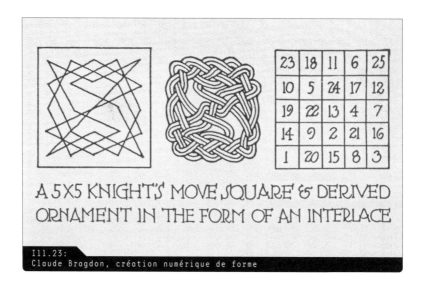

A 5×5 KNIGHT'S MOVE SQUARE & DERIVED
ORNAMENT IN THE FORM OF AN INTERLACE

I11.23:
Claude Bragdon, création numérique de forme

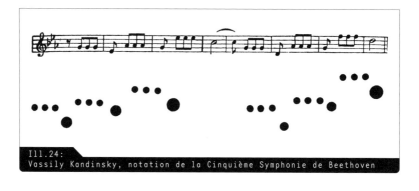

I11.24:
Vassily Kandinsky, notation de la Cinquième Symphonie de Beethoven

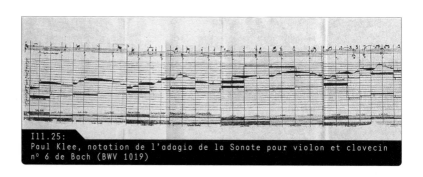

I11.25:
Paul Klee, notation de l'adagio de la Sonate pour violon et clavecin
n° 6 de Bach (BWV 1019)

hauteur, la longueur correspondant à leur durée, et la dynamique étant exprimée par les variations d'épaisseur de la ligne.

En 1991, Steven Holl s'est inspiré de cette transcription pour la Stretto House à Dallas. Il pensait que l'expression architecturale de la masse et des matériaux était fonction de la gravité, du poids, des appuis, de la tension et de la torsion, à l'instar de l'orchestration d'une œuvre musicale. La Stretto House a été conçue d'après la *Musique pour cordes, percussions et célesta*, de Béla Bartók (1936), œuvre remarquable tant par sa structure en fugue strictement symétrique que par la disposition qu'elle prévoit pour l'orchestre, avec les percussions, le célesta, le piano, la harpe et le xylophone au milieu, et de chaque côté un quatuor à corde et une contrebasse. Reprenant cette division spatiale entre instruments « lourds » et « légers »,

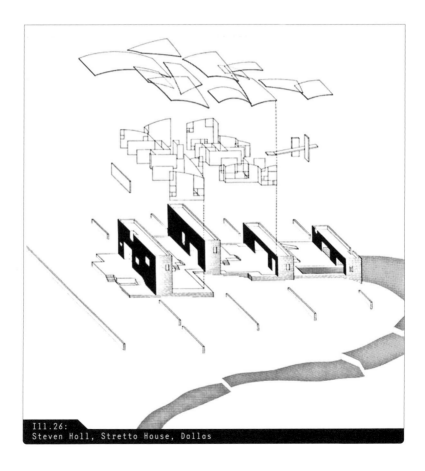

Ill.26:
Steven Holl, Stretto House, Dallas

Ill.27:
J. S. Bach, fugue en mi mineur (n° 8) du *Clavier bien tempéré* (BWV 853), mesures 52–55

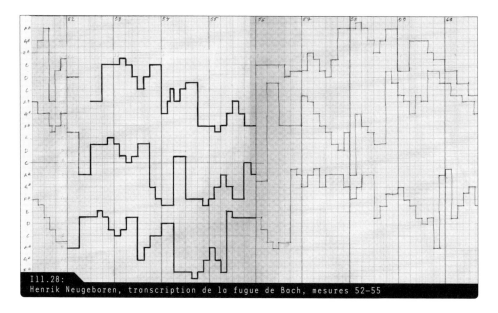

Ill.28:
Henrik Neugeboren, transcription de la fugue de Bach, mesures 52–55

Holl a créé un contraste entre quatre blocs de béton et des éléments de toiture légers et incurvés. › ill. 26

Le *Monument à Bach*, de Henrik Neugeboren (1928), va encore plus loin que Klee. Il s'agit d'une sorte de notation tridimensionnelle d'un fragment (les mesures 52 à 55) de la fugue en mi mineur du premier livre du *Clavier bien tempéré*, de Bach. L'abscisse représente la durée, l'ordonnée la hauteur des notes. Dans la notation traditionnelle, la durée de chaque note est donnée par un symbole spécifique, de sorte que la position réelle de la note sur le papier n'a pas d'importance, tandis que dans la version de Neugeboren, chaque mesure a la même largeur et est divisée en inter-

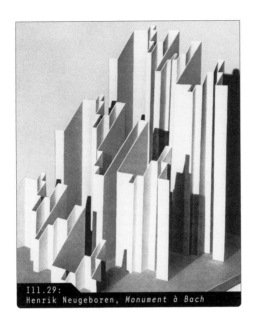

Ill.29:
Henrik Neugeboren, *Monument à Bach*

valles réguliers. Le tempo devait probablement déterminer la largeur des segments temporels. Mais la nouveauté essentielle est l'axe z, qui sert à représenter la hauteur des tons dans la troisième dimension : plus un ton est élevé, plus il est placé haut sur les axes y et z. Une autre particularité est la représentation de chaque voix comme une ligne continue qui s'élève de la surface ; cependant, seuls les segments parallèles à l'abscisse représentent les notes, tandis que les segments verticaux n'ont qu'une fonction structurelle, sans signification musicale. › Ill. 27, 28 et 29

Si Holl et Neugeboren ont développé une forme tridimensionnelle à partir de la notation musicale, d'autres architectes ont aussi proposé des analogies structurelles. Les fugues de Bach sont basées sur un thème, le « sujet », qui est imité avec des variations, généralement par deux ou trois voix en contrepoint qui donnent le « contresujet ». Dans certaines fugues baroques, les variations sont réglées avec la plus grande rigueur : la variation peut être une transposition ou une inversion du sujet, une version rétrograde ou même une inversion rétrograde. Au 20e siècle, Arnold Schönberg et Anton Webern ont appliqué un système analogue dans leurs compositions dodécaphoniques, où la même série de douze tons est utilisée de quatre manières différentes : dans sa forme originale, inversée sur l'axe horizontal, inversée sur l'axe vertical ou doublement inversée. Les premiers projets de Peter Eisenmann obéissent à des règles de composition aussi rigoureuses que celles de la composition musicale, où la forme de départ est progressivement transformée jusqu'à l'obtention de la complexité recherchée.

LA DIMENSION SUPÉRIEURE

Bragdon, peu satisfait des modes traditionnels de transposition de la musique en architecture, inventa un instrument permettant de traduire une partition musicale en compositions de couleurs animées projetées sur un écran par une lumière électrique. Il donna même des représentations grandioses de ses compositions avec cet « orgue lumineux », par exemple *Cathedral without Walls*, présentée au Central Park de New York en 1916.

Cinq ans plus tard, un musicien, Thomas Wilfred, construisit un orgue chromatique, le « Clavilux », avec lequel il réussit à transposer en mouvement les « projets quadridimensionnels » de Bragdon, utilisant pour cela un matériau transparent sensible aux sons. C'était donc une version modernisée des expériences de Chladni. Wilfred construisit ensuite plusieurs instruments jusqu'au milieu des années 1950 ; certains projetaient les motifs lumineux sur une paroi, alors que d'autres étaient constitués d'un écran de soixante centimètres de côté inséré dans un boîtier décoratif qui n'était pas sans rappeler les téléviseurs. › Ill. 30

Les Clavilux avaient pour mécanisme de base une ou plusieurs sources lumineuses, quelques disques incrustés de pierres précieuses et des miroirs déformants tournant à des vitesses différentes. Certains motifs lumineux se répétaient de manière cyclique, mais les *lumia* étaient conformes au principe quadridimensionnel de Bragdon, parce qu'aucune des images fixes ne pouvait représenter l'intégralité de la composition.

Cet artiste fut l'un de ces nombreux architectes fascinés par la quatrième dimension avant même que la théorie de la relativité d'Einstein fît un usage spécifique de la géométrie quadridimensionnelle, où la quatrième dimension représente le temps. Inspiré par d'autres théosophes, Bragdon postulait l'existence d'un monde archétypique invisible constitué de quatre dimensions dont nous n'avons qu'une perception très imparfaite. › Ill. 31

Ce thème fut repris par plusieurs architectes d'avant-garde à la fin du 20e siècle. Pour le bâtiment des sciences naturelles de la Carnegie Mellon University à Pittsburgh (États-Unis), Peter Eisenman s'est inspiré de cubes booléens présentant des intersections entre eux. Les volumes déformés et les armatures d'acier apparentes témoignent de cette géométrie. › Ill. 32

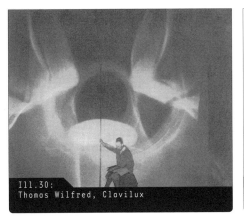

Ill.30:
Thomas Wilfred, Clavilux

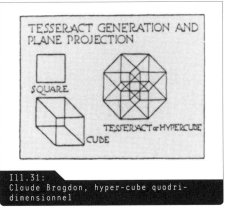

Ill.31:
Claude Bragdon, hyper-cube quadridimensionnel

Ill.32:
Peter Eisenman, Centre de recherche,
Carnegie Mellon University (projet)

Ill.33:
Marcos Novak, quatre sculptures,
projections d'un objet quadridimensionnel

Depuis lors, le développement des techniques de réalité virtuelle a permis des applications plus concrètes de la géométrie quadridimensionnelle. L'*Architecture invisible* présentée par Marcos Novak à la Biennale de Venise en 2000 en est un exemple. Cette installation comprenait pour l'essentiel une barre suspendue aux deux extrémités par des fils et à laquelle étaient fixés un détecteur infrarouge et un appareil à lentilles. Ce dernier produisait une forme tridimensionnelle invisible à l'œil nu mais commandée par un ordinateur. Lorsqu'un spectateur tendait la main vers cette forme invisible, l'ordinateur mesurait cette intrusion et y réagissait par un son particulier. Le spectateur pouvait donc deviner l'emplacement et la forme exacte des sculptures invisibles en déplaçant la main, ce qui modifiait le paysage sonore.

D'un point de vue historique, l'installation de Novak peut être considérée comme la fusion de deux inventions des années 1920: d'une part les projections lumineuses de Bragdon et Wilfred, fondées sur des calculs quadridimensionnels, et d'autre part un appareil qui connut une vogue sans lendemain, le Thereminovox, instrument de musique mis au point en 1919 par le physicien russe Léon Theremin, qui transposait électroniquement en sons les mouvements du corps humain. › III. 33

L'ÉTUDE DES PROPORTIONS

L'étude des proportions fait traditionnellement partie de la théorie musicale. Pythagore avait déjà découvert que les intervalles de base dans l'échelle des sons peuvent être décrits au moyen des rapports numériques de la *tétraktys*, figure réalisée par les quatre premiers nombres. Généralisant cette découverte, les pythagoriciens supposèrent que l'univers entier était conçu selon des lois géométriques et arithmétiques harmonisées entre elles à chaque échelle.

Selon l'historien George Hersey, les idées pythagoriciennes furent développées par les philosophes néoplatoniciens et les architectes de la Renaissance. Il va même jusqu'à affirmer que ces architectes pensaient en termes de hiérarchie néoplatonicienne, selon laquelle le bâtiment, dans sa forme physique, ne serait d'aucune valeur, puisqu'il n'était qu'une version plus grande de la maquette, qui n'est elle-même qu'une transposition imparfaite du dessin. Le dessin quant à lui ne serait rien d'autre que l'ombre de la chose réelle, de la structure géométrique abstraite qui permet le fonctionnement de l'univers.

Moins radical, Rudolf Wittkower suppose que Palladio, l'un des génies de la Renaissance, dessinait ses villas de manière que les proportions des pièces forment une séquence harmonieuse comparable à une fugue musicale. En 1947, dans une étude pionnière, il a montré comment les villas palladiennes, en apparence différentes les unes des autres, sont toutes basées sur un schéma commun, une grille irrégulière de neuf carrés.

Rapidement devenue célèbre, l'interprétation de Wittkower incita un autre théoricien, Colin Rowe, à découvrir une grille similaire dans la villa Stein à Garches, de Le Corbusier, puis à signaler des analogies entre la villa Rotonda à Vicence, de Palladio, et la villa Savoye à Poissy, également de Le Corbusier. › III. 34 Son rapprochement se fondait uniquement sur des

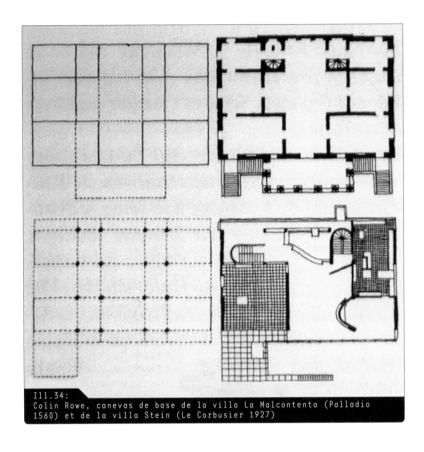

similitudes formelles mais, par la suite, des historiens ont pu attester que
Le Corbusier s'était en effet intéressé très tôt à l'œuvre de Palladio. Dans
son ouvrage *Vers une architecture*, publié en 1921 et appelé à exercer une
grande influence, il se déclare partisan de l'emploi de «tracés régulateurs»
et de proportions, dont le nombre d'or. L'atelier réalisé en 1922 à Paris pour
son collègue puriste Amédée Ozenfant nous fournira un bon exemple de la
vision de Le Corbusier.

Ce dernier a d'abord dû tenir compte de l'irrégularité du terrain. La
parcelle n'était en effet pas rectangulaire, mais bordée sur un côté par un
mur formant un angle de 30° avec le côté opposé. Le plan résulte donc de la
combinaison de deux grilles formant entre elles un angle de 30°. L'escalier
extérieur a été placé à l'intersection du prolongement du mur et d'une ligne
perpendiculaire à cet axe tracée jusqu'à l'angle de la parcelle. L'escalier intérieur est à l'intersection de deux lignes: la première relie le mur derrière

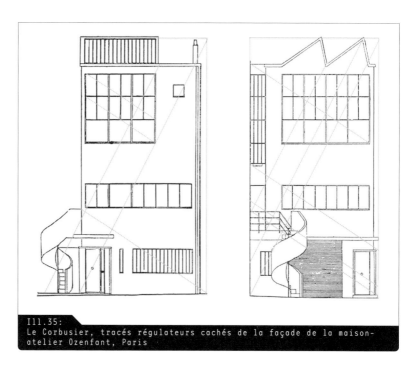

Ill.35:
Le Corbusier, tracés régulateurs cachés de la façade de la maison-atelier Ozenfant, Paris

l'escalier extérieur à l'angle intérieur droit du bâtiment, la seconde est une tangente à l'escalier extérieur, parallèle au mur latéral gauche. Cette dernière sert aussi à déterminer la position d'une fenêtre dans le mur arrière et le bord de la grande baie de l'atelier sur la façade latérale. Ce même point est aussi défini par une ligne tracée perpendiculairement au mur gauche depuis le milieu de l'escalier intérieur jusqu'au mur droit. Le bord de la grande fenêtre de l'atelier sur la façade latérale peut aussi être obtenu par une ligne partant de la fenêtre arrière et parallèle au mur droit. Ces tracés régulateurs servent même à dessiner certains détails, comme par exemple l'angle de la pièce avec lavabo (le «laboratoire»), qui se trouve sur la ligne rejoignant l'angle gauche de la façade principale. Les mêmes angles régissent l'agencement de la façade. › Ill. 35 et 36

À un stade ultérieur de sa carrière, Le Corbusier tenta une systématisation de sa méthode des proportions, qu'il développa dans le *Modulor*, publié en 1948. Il était convaincu que le nombre d'or renfermait le secret de la beauté, mais qu'il était difficile d'appliquer à la construction de bâtiments une proportion fondée sur un nombre irrationnel, en particulier avec les méthodes de préfabrication industrielle. Pour obtenir une série

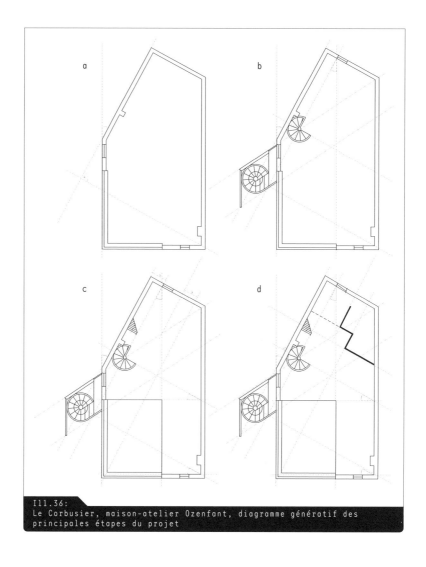

Ill.36:
Le Corbusier, maison-atelier Ozenfant, diagramme génératif des principales étapes du projet

de dimensions propres à une application pratique, Le Corbusier s'inspira pour son Modulor des séries de Fibonacci (suites de nombres telles que 1, 1, 2, 3, 5, 8, 13…), où deux nombres sont additionnés pour en donner un troisième, de sorte que le rapport entre deux termes voisins s'approche toujours plus du nombre d'or.

Le Modulor est fondé sur les mesures d'un corps humain idéal. Le Corbusier pensait en effet que nous devons nous reconnaître dans l'univers

Ill.37:
Le Corbusier, Iannis Xenakis, pavillon Philips (Bruxelles, 1957). Sa
forme libre se base sur des surfaces réglées conformes au Modulor.

afin de le trouver beau. Et pour convaincre les sceptiques qui craignaient que ce système ne fût une entrave à la créativité des architectes et ne donnât naissance à des cubes indifférenciés, Le Corbusier appliqua le Modulor à deux de ses projets les moins conventionnels, la chapelle Notre-Dame-du-Haut à Ronchamp (1954) et le pavillon Philips à Bruxelles (1958). › Ill. 37

Même si rien n'oblige à penser que certaines proportions comme le nombre d'or sont plus belles que d'autres, l'application d'un système de proportions permet au spectateur d'établir plus facilement des rapports visuels entre les éléments de la composition architecturale. Le bâtiment devient ainsi une sorte de texte dont le déchiffrement peut susciter l'intérêt.

Mais, outre leurs qualités esthétiques, les systèmes de proportions ont aussi des avantages pratiques. De nombreux architectes modernes, s'inspirant probablement des tatamis japonais, ont utilisé des systèmes de proportions modulaires qui permettent de combiner des éléments préfabriqués et des composants standardisés.

L'ALÉATOIRE ET L'INCONSCIENT

L'HÉTÉROTOPIE

Bien qu'Alvar Aaalto, comme la plupart des architectes de sa génération, ait à l'occasion recouru à des systèmes de proportions pour le détail de ses projets de construction, il passe généralement pour le champion d'une conception non méthodique de l'architecture. Une de ses premières réalisations, la villa Mairea à Noormarkku en Finlande (1939), est regardée comme une concrétisation de principes tels que l'espace-forêt ou le collage cubiste. La principale caractéristique de la maison est son riche éventail de matériaux et de formes qui ne sont liés entre eux par aucune conception théorique mais uniquement par une atmosphère sensorielle. Donnant à la chose une formulation un peu plus analytique, Demetri Porphyrios, architecte et théoricien, a vu dans l'architecture d'Aalto un système particulier d'organisation, qu'il nomme «hétérotopie», soit un «espace autre», pour reprendre la terminologie de Michel Foucault. À la différence de Porphyrios, qui soutenait que l'hétérotopie ne contient pas de principe d'organisation regroupant les différentes formes, d'autres auteurs ont pensé qu'Aalto concevait le cheminement du visiteur entrant dans le bâtiment comme le principe d'organisation à partir duquel il arrangeait les autres fonctions avec le souci constant d'assurer la commodité des accès. Les réalisations hétérotopiques d'Aalto se caractérisent aussi par le fait que la diversité des formes et des organisations sert à mettre en évidence les espace qui abritent les fonctions les plus importantes. Il donne donc souvent une forme insolite aux espaces publics, avec une prédilection particulière pour le plan en éventail rappelant les théâtres grecs, tandis que les pièces affectées à des usages courants (bureaux, locaux techniques, appartements ordinaires) sont agencées selon des modèles répétitifs simples.

Le projet d'Aalto pour le centre culturel de Wolfsburg, en Allemagne (1962) est un exemple de l'application de la méthode hétérotopique. Les éléments programmatiques majeurs du plan et des élévations sont agencés selon des principes organisationnels et esthétiques spécifiques. Les auditoires polygonaux au-dessus de l'entrée principale sont disposés en éventail et signalés dans les murs extérieurs par un revêtement de marbre rayé. Les bureaux en revanche sont organisés selon une ordonnance orthogonale derrière une façade plus typiquement moderne qui a des airs de variante allongée de la villa Savoye de Le Corbusier. L'architecte a inséré d'autres motifs assez autonomes, comme la villa romaine à atrium avec toit en pavillon et cheminée ouverte. Plutôt que d'utiliser un schéma uniformisant, comme on peut le trouver sur un bâtiment de Mies van der Rohe, › Chap. Les précurseurs, La

Ill.38:
Alvar Aalto, centre culturel de
Wolfsburg

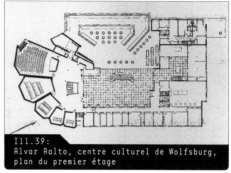

Ill.39:
Alvar Aalto, centre culturel de Wolfsburg,
plan du premier étage

transformation d'un modèle spécifique Aalto donne à chaque élément du programme une identité et une forme propres, puis il les réunit en un ensemble si compact qu'il provoque une distorsion des formes idéales. › Ill. 38 et 39

Alors que les critiques débattaient du concept d'hétérotopie, Aalto lui-même énonça des idées plus étranges encore sur sa méthode. Il affirma par exemple dans un essai qu'il s'efforçait d'ignorer la plupart des informations relatives à un projet, préférant faire des dessins ressemblant à des gribouillis d'enfant. Ailleurs, il qualifia son approche de ludique. Le bâtiment principal de la maison expérimentale de Muuratsalo, en Finlande (1953) peut être interprété comme le délabrement romantique d'une maison romaine à atrium plutôt sobre, tandis que l'étrange rangée qui lui est annexée (réalisée en partie seulement) a un aspect différent avec sa forme allongée ondoyant comme une queue. Il est en effet possible que la forme de la maison résulte de l'assemblage ludique de dessins de nature et d'échelle diverses où l'architecte aurait utilisé des éléments de paysage en miniature pour des pavillons aux formes libres et même mêlé des portraits aux plans de situation. Un des artifices dont Aalto use régulièrement consiste à répéter un même motif formel à des échelles tout à fait différentes : ainsi, l'un de ses motifs typiques, l'éventail, peut servir à relier les pieds d'un tabouret, ou donner sa forme au toit de l'église de Wolfsburg, au plan de la bibliothèque de Seinäjoki ou à celui du lotissement de Kotka. › Ill. 40, 41 et 42

LES PROCÉDÉS SURRÉALISTES

Certains contemporains d'Aalto donnèrent une formulation plus précise à leur méthode de projet anarchique. Josef Frank, par exemple, propagea la notion d'« accidentisme », soit l'association plus ou moins aléatoire de diverses formes empruntées autant au répertoire des références cultu-

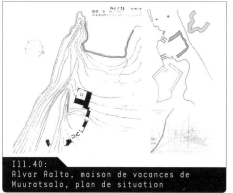

Ill.40:
Alvar Aalto, maison de vacances de
Muuratsalo, plan de situation

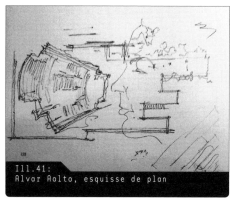

Ill.41:
Alvar Aalto, esquisse de plan

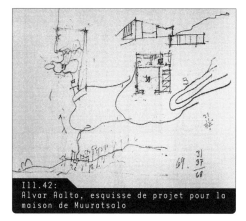

Ill.42:
Alvar Aalto, esquisse de projet pour la
maison de Muuratsalo

Ill.43:
Josef Frank, architecture « accident »

relles les plus nobles qu'à celui du kitsch afin de créer une sorte de vitalité caractéristique des villes à croissance spontanée. › ill. 43

L'idée selon laquelle le hasard serait la véritable force qui met en mouvement la créativité artistique ou architecturale était largement admise au 20ᵉ siècle. Ses racines remontent cependant à l'Antiquité : Aristote décrit les figures que l'on peut distinguer dans les nuages, Pline raconte une anecdote à propos du peintre Protogène, qui réalisa des œuvres en jetant une éponge sur le tableau. S'inspirant de ces classiques, Léonard de Vinci remarqua que sur un mur parsemé de taches se dessinaient des paysages, des batailles ou des visages. Ses commentaires furent développés au 18ᵉ siècle par un peintre paysagiste anglais, Alexander Cozens, qui en tira une théorie générale de l'aléatoire. Dans son traité publié en 1785, *A New*

Ill.44:
Alexander Cozens, taches d'encre,
départ d'un tableau de paysage

Method of Assisting the Invention in Drawing Original Compositions of Landscape, il décrit «un procédé mécanique (...) pour stimuler l'imagination» des artistes. Ledit procédé consiste à faire des taches (*blots*, en anglais) au pinceau et à l'encre, sans idée préconçue et au hasard, sur un papier que l'on peut aussi froisser auparavant pour le défroisser ensuite. Cozens souligne que l'image ainsi obtenue n'est pas un dessin, mais un assemblage de formes aléatoires à partir duquel il est possible de créer un dessin. L'artiste choisit pour cela une tache particulièrement suggestive et dessine d'après elle un paysage sans rien y ajouter. Le tableau est ensuite achevé à la manière d'un lavis. L'idée de Cozens était de libérer l'artiste de la servitude des schémas conventionnels de composition de paysages en l'obligeant à renoncer à la maîtrise du geste créateur. > III. 44

Au 20ᵉ siècle, des méthodes similaires furent essayées par les surréalistes, qui renouèrent aussi avec la technique de l'écriture automatique des théosophes. Ces derniers toutefois concevaient ce mode d'écriture comme un état dans lequel le médium s'abandonne lui-même pour laisser l'esprit guider sa main, tandis que les surréalistes l'inscrivaient plutôt dans un cadre psychanalytique. S'inspirant d'un jeu de société en vogue, les premiers peintres surréalistes créèrent des « cadavres exquis », substituant ainsi le groupe à l'auteur individuel. Dans ce jeu, le premier dessinait quelque chose au haut d'une feuille de papier, qu'il repliait ensuite, pour ne laisser voir au suivant que quelques points permettant la jonction. Max Ernst avait une prédilection pour une autre méthode, le frottage, qui consiste à poser une feuille de papier sur une surface à texture puis à y passer le crayon. Il pratiqua aussi le grattage c'est-à-dire le retrait des pigments d'une toile.

Les surréalistes des générations suivantes inventèrent encore d'autres méthodes. Les « cubomanies » de Ghérasim Luca sont des images découpées en carrés de même format et disposées ensuite de manière aléatoire. Luca obtenait ainsi d'étonnantes combinaisons. D'autres essayèrent le soufflage de couleur liquide sur une surface, le « parsemage » de poussière de charbon sur une surface d'eau, épongée ensuite sur une feuille de papier, ou le « fumage », impression de la fumée d'une chandelle ou d'une lampe à pétrole sur une feuille ou une toile. La « graphomanie entoptique » de Dolfi Trost est une variante du dessin automatique ; elle consiste à marquer par des points les impuretés accidentelles du papier puis à relier les points par des lignes. Quelques procédés furent aussi expérimentés pour les œuvres en trois dimensions : le « coulage », par exemple, qui consiste à plonger la matière en fusion (cire, chocolat, étain) dans l'eau pour obtenir une sculpture aléatoire.

Par la suite, Trost abandonna ces méthodes automatiques du surréalisme au profit de techniques « résultant de procédés scientifiques rigoureusement appliqués », qui n'en donnaient pas moins des résultats imprévisibles.

Les méthodes surréalistes ont eu quelques adeptes parmi les architectes. Pour leur projet Open House à Malibu en Californie (1990), Wolf D.

Ill.45:
Coop Himmelb(l)au, Open House (projet),
esquisse

Ill.46:
Coop Himmelb(l)au, Open House, maquette

Prix et Helmut Swiczinsky, du Coop Himmelb(l)au, se sont référés à la technique de l'écriture automatique. Le projet est né « d'une esquisse ressemblant à une explosion, dessinée les yeux fermés. Une concentration que rien ne trouble. La main comme séismographe des sensations provoquées par l'espace. » L'un des deux architectes dessinait, tandis que l'autre transposait l'esquisse telle quelle en une maquette en trois dimensions, sans censure ni jugement, toute l'opération se déroulant au son des haut-parleurs diffusant à tout va *Purple Haze* de Jimi Hendrix. › Ill. 45 et 46

L'influence du surréalisme est par ailleurs perceptible chez de nombreux architectes contemporains qui n'en ont cependant pas repris directement les techniques de création formelle. Rem Koolhaas, qui s'est référé de manière explicite à la méthode « paranoïaque critique » de Salvador Dalí, s'attache plus aux effets programmatiques qu'aux configurations formelles, par exemple en superposant des programmes incompatibles pour en faire un ensemble discontinu destiné à provoquer de nouveaux événements. Ainsi, la réalisation de l'OMA pour le parc de La Villette à Paris (1982) est un assemblage d'éléments programmatiques non assortis. Bernard Tschumi, architecte et théoricien, est plus précis, et divise ces opérations en « déprogrammation », « contre-programmation » et « transprogrammation ». Il a aussi exploré le potentiel de montage en faisant explicitement référence au cinéma. *Manhattan Transcripts* (1978–1994) est une transposition par Tschumi d'une histoire policière en projet architectural. › Ill. 47

Le projet présenté par R&Sie pour un musée d'art contemporain à Bangkok (2002), sous le titre *Dusty Relief/B-mu*, est plus strictement surréaliste. Il comprend entre autres un relief aléatoire calculé à partir de la

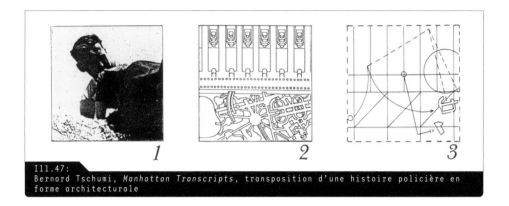

Ill.47:
Bernard Tschumi, *Manhattan Transcripts*, transposition d'une histoire policière en forme architecturale

Ill.48:
R&Sie, Dusty Relief/B-mu, coupe trans-versale du musée (projet)

Ill.49:
R&Sie, Dusty Relief/B-mu, vue du musée

pixelisation de «particules aléatoires pour un pur ectoplasme gris», un système électrostatique qui capte la poussière de la ville sur un grillage d'aluminium, enfin un contraste schizophrène entre un intérieur «eucli-dien» (un cube blanc et un labyrinthe) et une enveloppe extérieure «topolo-gique». Le tout donne un bâtiment dont la façade change en permanence de couleur, de forme et de texture en fonction de la pollution atmosphérique de la ville. > Ill. 48 et 49

LA « FORME FONCTIONNELLE » (*LEISTUNGSFORM*)

Parallèlement aux expériences des surréalistes sur l'irrationnel et l'aléatoire, certains artistes et architectes du Bauhaus s'engagèrent sur une voie tout à fait opposée en essayant de développer des méthodes de projet rationnelles et objectivement correctes. Du temps où il était à la tête du Bauhaus, de 1928 à 1930, Hannes Meyer affirmait que l'architecture ne faisait pas partie des beaux-arts et que, par conséquent, un architecte n'avait pas le droit d'agir sur la base d'une intuition subjective ou d'une inspiration créatrice. En architecture, selon lui, tout devait au contraire se fonder sur une solide connaissance scientifique de phénomènes susceptibles d'être mesurés, observés ou pesés. Afin de constituer cette base de connaissances, il invita plusieurs scientifiques à donner des cours sur les derniers acquis de la philosophie, de la physique, de l'économie, de la sociologie, de la psychologie, de la physiologie, de l'anatomie, etc., et insista auprès de ses collègues pour qu'ils se mettent à l'étude des techniques de construction, des matériaux et de l'organisation fonctionnelle. Pour Meyer, le projet architectural devait être étayé par des connaissances générales tout en tenant compte des éléments particuliers de la tâche à résoudre, en particulier le programme et le terrain à bâtir. Il accordait par exemple une grande importance au dessin des angles d'incidence de la lumière du soleil, à la mesure de la capacité d'absorption par capillarité du sol et à l'hygrométrie de l'air. Dès lors que tous ces éléments étaient recensés, Meyer assurait que le projet architectural se calculerait de lui-même. Cette vision des choses a survécu dans les diagrammes en «nuages de points» que certains architectes établissent aujourd'hui pour visualiser les relations entre les diverses fonctions. › III. 50

En 1930, Hannes Meyer, Tibor Weiner et Philipp Tolziner conçurent un projet pour une maison communautaire. Il était fondé sur deux diagrammes, le premier expliquant l'ordre dans lequel les fonctions se développent, le second déterminant l'angle d'incidence de la lumière du soleil. La succession d'activités prévue était la suivante : entrer – se changer – intimité – vie hors de l'intimité protégée – puis soit répétition des activités, soit se changer – bain – enfiler un pyjama – dormir. Ce schéma partait de l'idée que le besoin de lumière naturelle varie selon la fonction de la pièce : la chambre à coucher devrait bénéficier du soleil du matin et le séjour de la lumière de la fin de journée. Selon ce principe, le projet prévoyait un appartement de deux pièces avec les fonctions de salle de bains et de chambre à coucher dans le premier espace et le séjour dans le second. Toutes les pièces sont orientées au sud, mais les volumes sont superposés de manière

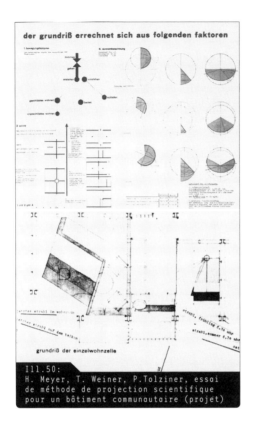

der grundriß errechnet sich aus folgenden faktoren

grundriß der einzelwohnzelle

Ill.50:
H. Meyer, T. Weiner, P.Tolziner, essai
de méthode de projection scientifique
pour un bâtiment communautaire (projet)

que la salle de bains fasse de l'ombre à la chambre à coucher le soir, tandis que la fenêtre d'angle du séjour donne au sud-ouest.

Malgré ces spéculations, Hannes Meyer n'a jamais établi une liste complète des consignes pour la construction de bâtiments sur la base d'informations purement objectives. Plusieurs de ses contemporains croyaient que Meyer travaillait en réalité selon des préceptes esthétiques non explicites qui ne pouvaient être présentés par des concepts objectifs. De l'avis de Hugo Häring, par exemple, les gens comme Hannes Meyer cultivaient une prédilection esthétique irrationnelle et injustifiable pour les formes géométriques simples. Il y voyait la manifestation d'une «pensée géométrique décadente» à laquelle il opposa la méthode de la «forme fonctionnelle» (*Leistungsform*). La forme architecturale, selon cette méthode, devrait être développée à partir des paramètres spatiaux précis de la fonction prévue, sans aucun préjugé ou idée préconçue.

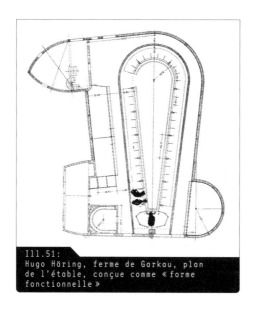

Ill.51:
Hugo Häring, ferme de Garkau, plan
de l'étable, conçue comme « forme
fonctionnelle »

Un exemple célèbre de *Leistungsform* est l'étable réalisée par Häring en 1924–1925 pour la ferme de Garkau à Scharbeutz, au bord du lac Pönitz, non loin de la Baltique. Elle présente un plan ovale qui la distingue des étables traditionnelles dont le plan rectangulaire facilite non seulement la construction mais encore la jonction avec d'autres bâtiments et les agrandissements. Mais bien qu'elle n'ait pas ces avantages, la forme ovale, dans l'idée de l'architecte, permettait d'optimiser les mouvements des vaches à l'intérieur et pour leur sortie. › Ill. 51 et 52

Comment trouver la *Leistungsform* appropriée? Häring n'a jamais promis qu'on pourrait y arriver par une recette simple. Il parlait plutôt du « secret de l'origine de la forme ». Son concept de *Leistungsform* a toutefois des liens avec les études faites sur la productivité du travail industriel, très en vogue parmi les fonctionnalistes dans les années 1920. Frederick Winslow Taylor, pionnier de la « gestion d'entreprise scientifique » ne mesurait que le temps requis pour chaque portion de travail, tandis que Frank B. Gilbreth se servait d'un chronophotographe et d'une caméra pour représenter les mouvements des ouvriers sous la forme de courbes blanches sur fond noir. Il créa plus tard encore des maquettes en fil de fer, les « cyclographes », qui illustraient en trois dimensions la succession optimale de mouvements. Les cyclographes permettraient peut-être de déterminer la forme fonctionnelle que recherchait Häring. › Ill. 53

Ill.52:
Hugo Häring, ferme de Garkau, étable

Ill.53:
Frank B. Gilbreth, étude de mouvement

Il est possible d'optimiser la forme lorsque la fonction est très précisément définie. Mais on s'aperçoit cependant très vite que les espaces de séjour doivent le plus souvent remplir plusieurs fonctions. Et si la forme de la pièce est optimisée pour une seule fonction, les autres sont moins bien traitées. Il y a une décision de principe à prendre sur ce qu'il faut optimiser: l'espace à disposition, les coûts, le confort d'utilisation, tout cela à la fois, ou tout autre chose encore.

LA RECHERCHE SUR LE PROJET

Dans les années 1960, la recherche sur le projet architectural connut un nouvel essor grâce au développement et à la généralisation des applications informatiques. Nicholas Negroponte imagina une machine à architecture, capable de produire par elle-même des projets, tandis que George Stiny et William Mitchell développaient des grammaires formelles servant de méthode de production d'architecture assistée par ordinateur. Leurs programmes, appliquant la linguistique de Chomsky à l'analyse faite par Wittkower de l'architecture palladienne, donnèrent de nouveaux dessins de plans et d'élévations comportant les caractéristiques des villas de Palladio. Tous les nouveaux projets montraient des éléments typiques des originaux de la Renaissance, notamment les portiques, les frontons de temples et les blocs vernaculaires non décorés. Les plans étaient dérivés des grilles irrégulières identifiées par Wittkower sur ces originaux.

La productivité de l'ordinateur soulève toutefois la question de savoir si, sur ces milliers de villas réalisées à l'aide de cet outil, il s'en trouve une seule de qualité. Un projet d'architecture conçu de la sorte produit des solutions formelles qui ont une certaine pertinence. Un programme de conception, s'il n'offre pas la possibilité de trier et d'évaluer, a donc peu de valeur.

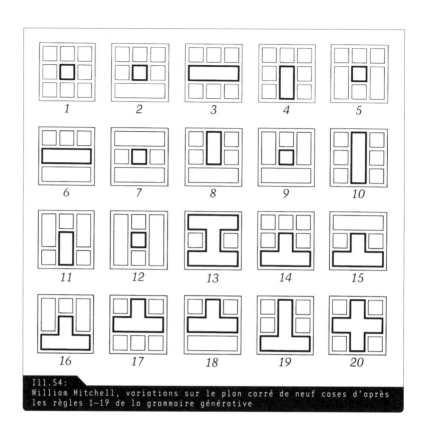

Ill.54:
William Mitchell, variations sur le plan carré de neuf cases d'après les règles 1–19 de la grammaire générative

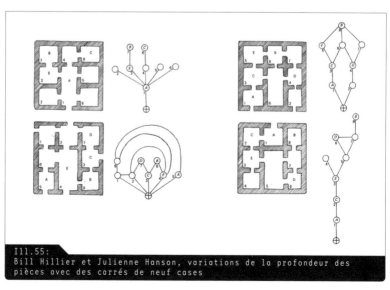

Ill.55:
Bill Hillier et Julienne Hanson, variations de la profondeur des pièces avec des carrés de neuf cases

Mais si l'on peut définir les paramètres d'évaluation, il est possible d'obtenir une bonne solution sans devoir passer par toutes les variations.

Bill Hillier et Julienne Hanson ont développé une autre méthode: la syntaxe spatiale (*Space Syntax*), qui a des ambitions plus élevées que la simple imitation de styles historiques. Selon ses inventeurs, les relations sociales peuvent toujours être ramenées à des relations spatiales et réciproquement, les unes et les autres étant dépendantes de configurations qui se réfèrent soit à des hommes, soit à des espaces. Quoique qualifiées de « langages morphiques », les dispositions spatiales ne symbolisent et ne désignent rien d'autre qu'elles-mêmes. Hillier et Hanson partent de deux sortes d'acteurs, les occupants et les visiteurs, dont ils essaient de modeler le comportement spatial. L'emplacement des espaces est un facteur important. Plus un bâtiment est profond, plus il faut traverser de pièces ou d'espaces pour se rendre au fond et plus ce dernier espace est séparé, plus son statut et son pouvoir sont grands. Ce principe est illustré à l'aide de quatre plans, présentant des ressemblances formelles puisqu'ils se basent sur la répartition de neuf carrés, mais montrant des structures spatiales extrêmement différentes quant à leur disposition en profondeur. › Ill. 54 et 55

La méthode de la syntaxe spatiale a une manière provocante d'être réductrice. Les conventions culturelles et les facteurs esthétiques sont écartés de l'analyse. Hillier assure qu'il est parfaitement possible d'établir des prévisions vérifiables sur le comportement des gens dans les bâtiments ou dans les espaces urbains même sans prendre en considération la diversité des expériences architecturales. Bien que la syntaxe spatiale

Ill.56:
Christopher Alexander, diagramme
constructif illustrant la forme d'un
croisement définie par les exigences de
la circulation

NR40a
DO:08.08.97

IB440
DO:08.03.00

IB120
DO:30.06.97

IB130
DO:30.06.99

IB110
DO:30.06.99

IB140
DO:30.06.99

IB425
DO:15.10.99

IB300
DO:10.02.99

IB430
DO:15.10.99

IB310
DO:10.02.99

IB315
DO:15.10.99

IB450
DO:08.03.00

IB193
DO:05.02.98

IB160
DO:10.12.97

IB170
DO:10.12.97

IB192
DO:05.02.98

IB204
DO:29.09.97

IB205
DO:29.09.97

IB199
DO:29.09.97

IB203
DO:16.06.98

IB202
DO:10.02.98

IB196
DO:10.02.98

IB191
DO:10.12.97

IB190
DO:10.12.97

Ill.57:
Maxwan, ponts à Leidsche Rijn

ne soit pas une méthode de création de forme, il est possible d'y recourir pour évaluer les effets de diverses solutions.

Le langage des «modèles de conception» (*design patterns*) de Christopher Alexander est une méthode d'application beaucoup plus aisée, également basée sur des observations mathématiques et empiriques. Cet architecte distingue entre diagrammes d'exigences, de forme et de construction. Le diagramme des exigences définit les contraintes ou les restrictions dont il faut tenir compte dans une situation donnée. Le diagramme formel définit une organisation formelle précise aux conséquences fonctionnelles prévisibles, idéalement du moins. Le diagramme constructif associe, quant à lui, l'explication formelle et l'explication fonctionnelle de l'objet à concevoir.

Un des exemples de diagramme constructif choisis par Alexander représente les flux de trafic à un carrefour très fréquenté. Plutôt que d'indiquer par des nombres la quantité de véhicules, il fait varier l'épaisseur du
trait figurant la route en fonction de l'intensité de la circulation. Il obtient
ainsi une image de la forme que le croisement devrait avoir pour répondre
aux exigences fonctionnelles.

C'est exactement la méthode utilisée par Maxwan (Rients Dijkstra et
Rianne Makkink) pour la construction de trente ponts à Leidsche Rijn, aux
Pays-Bas (1997–2000). Les ponts ont été très précisément adaptés aux conditions de circulation : il y a un étage pour chaque type d'usager, et chaque
pont correspond au volume et au type de trafic prévus. › Ill. 56 et 57

Selon Alexander, un des problèmes majeurs du projet architectural est
la tendance à vouloir donner une formulation verbale aux questions. Plutôt
que de travailler avec des concepts abstraits, il recommande de décom-
poser la tâche en problèmes partiels, de les résoudre puis de les intégrer
dans un ensemble hiérarchique. C'est sur cette base qu'il a mis au point
son « langage-modèle » (d'après le titre de son ouvrage *A Pattern Language*
paru en 1977), qui adapte les solutions formelles universelles aux modèles
rencontrés, produisant ainsi une « qualité anonyme », « commune à l'architecture de qualité en tout temps et en tout lieu ». La qualité, pour cet auteur,
se compose de quinze éléments de base : les niveaux d'échelle, des centres
forts, des limites, une répétition en alternance, un espace positif, une forme
judicieuse, une symétrie locale, l'imbrication dans la profondeur et l'ambi-
guïté, le contraste, les lignes de déclivité, la rudesse, les échos, le vide, la
simplicité et la tranquillité intérieure, le non-cloisonnement. Son projet de
colonne à San José, en Californie, est un exemple de ces qualités.

Alexander décrit la construction comme un processus sans fin dont
le résultat sera d'autant plus achevé que l'architecte aura réussi à aider
les occupants à trouver les bons modèles. En ce sens, le *pattern language*
peut être considéré comme l'un des concepts les plus avancés pour la pla-
nification en fonction des besoins des utilisateurs. Il permet aux non-spé-
cialistes de comprendre les options architecturales et leurs implications,
puis de prendre des décisions en connaissance de cause.

Les *patterns* sont chez Alexander des relations entre objets de toute
échelle, depuis des villes entières jusqu'aux détails de construction. Ils
proposent un type de solution pour un problème général soulevé par le
projet, mais ne doivent pas être reproduits de manière identique. Dans *A
Pattern Language*, l'auteur donne une brève description verbale de chaque modèle, un argumentaire expliquant ses avantages, et généralement

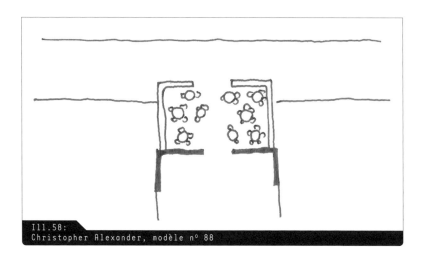

Ill.58:
Christopher Alexander, modèle n° 88

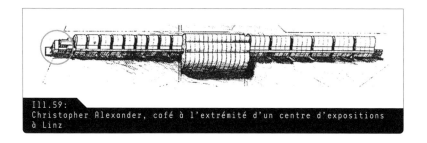

Ill.59:
Christopher Alexander, café à l'extrémité d'un centre d'expositions
à Linz

encore un diagramme. Chacun de ces modèles doit se référer aux autres, non seulement à ceux d'échelle supérieure qui l'incluent, mais aussi à ceux d'échelle inférieure qu'il inclut. La méthode est hiérarchique : il faut choisir un modèle de départ à l'aide duquel on déterminera les suivants.

En 1980, Alexander a reçu pour mandat de concevoir un café pour un centre d'expositions à Linz. Il affirme avoir utilisé pour son projet 53 des 253 modèles contenus dans son livre, mais ne précise pas duquel il est parti. Il s'agit peut-être du n° 88, « Café donnant sur rue ». › Ill. 58

Ce diagramme propose de concevoir le café comme un point de mire et une sorte de scène donnant sur la rue. En l'occurrence, le site à bâtir ne donnait pas sur la rue, raison pour laquelle Alexander a appliqué le modèle n° 101 (« Passage à travers un bâtiment »), assimilant le corridor intérieur du centre d'expositions à une rue. › Ill. 59 et 60

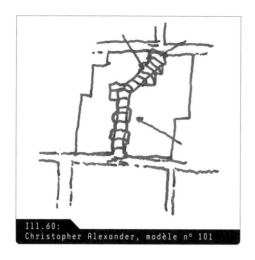

Ill.60:
Christopher Alexander, modèle n° 101

Alexander fait débuter le processus de projet par le choix du modèle fonctionnel de base, compte tenu des particularités du terrain à bâtir. À Linz, il est parvenu à la conclusion que le café devait être tourné vers le soleil de l'après-midi et vers le fleuve, et suffisamment élevé pour offrir la vue sur le paysage fluvial.

Il s'est également servi du modèle n° 163 afin de créer une place communautaire délimitée en partie par un toit et en partie par des murs. Le modèle n° 161 a été utilisé pour orienter la place côté soleil et le modèle n° 176 pour donner un environnement de verdure aux places assises.

Alexander trouvait l'entrée du café particulièrement réussie. Le recours aux modèles n° 110 et 130 a permis de lui donner un emplacement bien visible et accessible au-dessus du passage principal tout en lui donnant une forme spectaculaire. L'entrée devait aussi se situer en partie à l'intérieur et en partie à l'extérieur du bâtiment.

Le langage des modèles, comme le montre l'exemple du café de Linz, permet de choisir diverses options. Alexander souligne que les qualités liées à l'émotion et à l'atmosphère ont été déterminantes pour ses choix. Nombre de ses modèles restent néanmoins dignes d'intérêt, pour autant que l'on garde présent à l'esprit qu'ils n'ont guère de validité universelle, mais incarnent plutôt un certain idéal, à la fois méditerranéen et californien, de qualité de la vie dans une collectivité conviviale propre à la classe moyenne. Une difficulté particulière consiste à combiner les solutions apportées aux problèmes partiels de manière à ce qu'ils forment un ensemble harmonieux.

LES PRÉCURSEURS

LA TYPOLOGIE

Si, selon Alexander, il est possible d'utiliser chaque modèle à des milliers de reprises sans se répéter ne serait-ce qu'une seule fois, d'autres architectes ont préconisé des solutions plus strictement définies. Vers 1800 déjà, Jacques Nicolas Louis Durand formula une théorie typologique qui voyait dans l'architecture l'art d'agencer un nombre donné d'éléments constructifs (piliers, entrées, escaliers, etc.) en une composition orthogonale, dans le but de trouver une solution simple et économique. Les piliers devaient être placés aux intersections, les parois sur les axes, et les ouvertures au milieu des modules. Avec ses «formules graphiques», cet architecte peut donc être considéré comme le précurseur des éléments de construction standardisés et préfabriqués tels qu'ils ont été développés par la suite.

Mais beaucoup de théoriciens de la typologie se sont fondés sur une acception différente de la notion de type, dans laquelle l'emploi des éléments standards permet certaines variations. La typologie présente généralement une classification de bâtiments (ou de parties de bâtiments) sur la base de similitudes formelles ou fonctionnelles. Une basilique, par exemple, est un type architectural caractérisé par son plan linéaire : elle comprend une nef centrale flanquée de deux ou quatre bas-côtés moins élevés, de sorte que la nef est éclairée en partie par des fenêtres hautes. Ce type a été très apprécié durant des siècles. Il existe des milliers d'églises différentes par leur aspect mais qui toutes se rattachent à ce type.

Dans les années 1960, l'architecte Aldo Rossi fut à l'origine d'un renouveau de la typologie comme méthode de concevoir. Il avait une prédilection pour les types structurels et spatiaux extrêmement réduits et remontant à des traditions vernaculaires ou classiques. Selon lui, ces types créaient un lien avec l'environnement et incarnaient la mémoire collective de la communauté. Mais les types devaient être de pures constructions mentales et en aucun cas se confondre avec les formes physiques du bâtiment. Dans ses constructions, Rossi a cependant utilisé des types fondamentaux sous une forme très pure, sans considération de taille ou de fonction de l'objet. On retrouve ainsi la forme de la tour octogonale aussi bien dans une école secondaire à Broni, en Italie (1970) que dans son célèbre bateau-théâtre, le Teatro del Mondo à Venise (1979) ou dans une cafetière dessinée par lui pour Alessi (La Conica, 1982). L'entrée du bâtiment scolaire de Broni se caractérise par sa forme de fronton simplifié de temple classique avec horloge, selon un schéma repris pour un théâtre à Gênes (1990), une petite cabine de plage et une vitrine d'exposition. ⟩ Ill. 61, 62 et 63

Ill.61:
Aldo Rossi, bateau-théâtre Teatro del Mondo

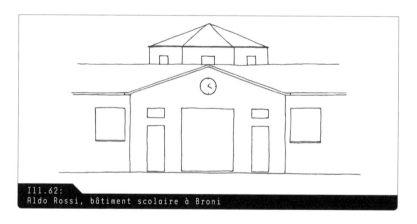

Ill.62:
Aldo Rossi, bâtiment scolaire à Broni

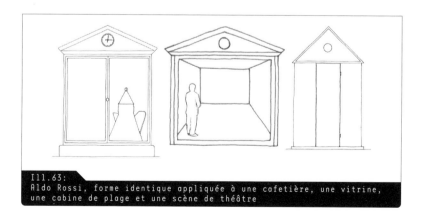

Ill.63:
Aldo Rossi, forme identique appliquée à une cafetière, une vitrine,
une cabine de plage et une scène de théâtre

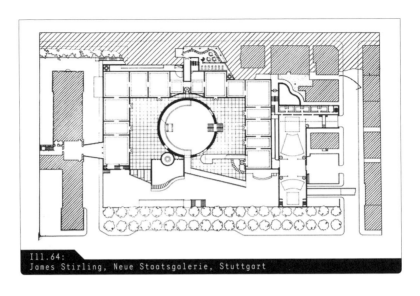

Ill.64:
James Stirling, Neue Staatsgalerie, Stuttgart

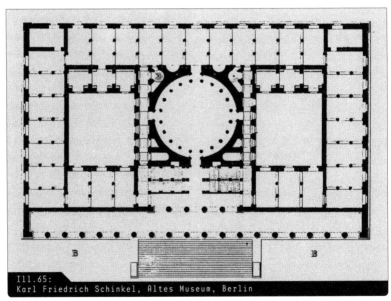

Ill.65:
Karl Friedrich Schinkel, Altes Museum, Berlin

Une conception plus traditionnelle du type en met en valeur la souplesse. Au début du 19e siècle, Antoine Chrysostome Quatremère de Quincy, théoricien de l'esthétique, opéra une distinction entre «modèle» et «type»: «Le modèle, entendu dans l'exécution pratique de l'art, est un

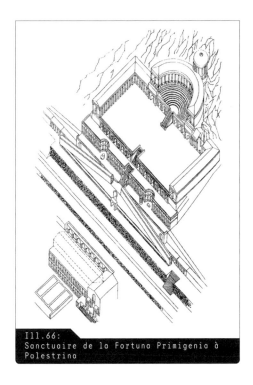

Ill.66:
Sanctuaire de la Fortuna Primigenia à Palestrina

objet qu'on doit répéter tel qu'il est. Le type est, au contraire, un objet d'après lequel chacun peut concevoir des ouvrages qui ne se ressemblent pas entre eux. Tout est précis et donné dans le modèle, tout est plus ou moins vague dans le type.» Les formes fixes que recense la liste de Rossi pourraient être considérées comme des modèles, alors que la plupart des architectes qui travaillent sur les typologies s'intéressent plutôt à la variabilité des types et à la relation de dépendance qui les lie au contexte historique et social.

La Neue Staatsgalerie de Stuttgart, conçue par James Stirling (1978–1983) est un exemple représentatif de projet typologique postmoderne. Plutôt que de rechercher une forme simple et compacte, ce maître d'œuvre a combiné deux types de base indépendants pour obtenir un ensemble indéterminé. La forme évoque d'une part, avec sa rotonde inscrite dans un plan rectangulaire, le type inventé par Karl Friedrich Schinkel pour l'Altes Museum de Berlin (1823–1830) ; les rangées d'arbres plantées le long de la façade de la Staatsgalerie reproduisent la colonnade ionique du musée de Schinkel. D'autre part, les rampes qui relient la construction de Stirling à la rue rappellent un autre

Ill.67:
Le Corbusier, chapelle de Ronchamp

type, tel qu'on le rencontre par exemple dans le temple en terrasse de la Fortuna Primigenia à Palestrina (vers 80 av. J.-C.). › Ill. 64, 65 et 66

L'association de types en apparence contradictoires est un principe
apprécié depuis fort longtemps par les architectes. Sainte-Sophie à Cons-
tantinople (532–537/558–562), par exemple, est à la fois une basilique, une
église de plan cruciforme et une réinterprétation du plan centré du Pan-
théon de Rome. Pour l'église de pèlerinage des Quatorze-Saints, près de
Lichtenfels, en Bavière (1743–1772), Johann Balthasar Neumann a combiné
un plan longitudinal et un plan centré : vue depuis le porche, l'église a l'air
d'une basilique à bas-côtés, mais plus loin à l'intérieur, les colonnades
s'écartent, créant l'impression d'un espace centré autour du sanctuaire.
De même sur la chapelle Notre-Dame-du-Haut à Ronchamp, de Le Corbusier (1954), un côté annonce une disposition longitudinale, l'autre un plan
cruciforme. › Ill. 67

La première réalisation de Robert Venturi, la maison construite en
1962 pour sa mère à Chestnut Hill, en Pennsylvanie, peut être lue comme
une composition intentionnellement contradictoire. Une abondante docu-
mentation permet de reconstituer la réflexion qui a donné naissance au
projet. L'architecte n'a pas craint de tester toute une série d'idées, et il a
esquissé pas moins de dix projets totalement différents avant de choisir
la solution définitive.

La façade associe l'image archétypique d'une maison avec des allu-
sions aux pylônes égyptiens, avec des portails baroques et des fenêtres modernes en bandeau. › Ill. 68 La façade principale est symétrique et possède
un toit en bâtière tout ce qu'il y a de plus ordinaire au premier regard, avec
une immense cheminée, à la manière des dessins d'enfants. Mais d'un côté,

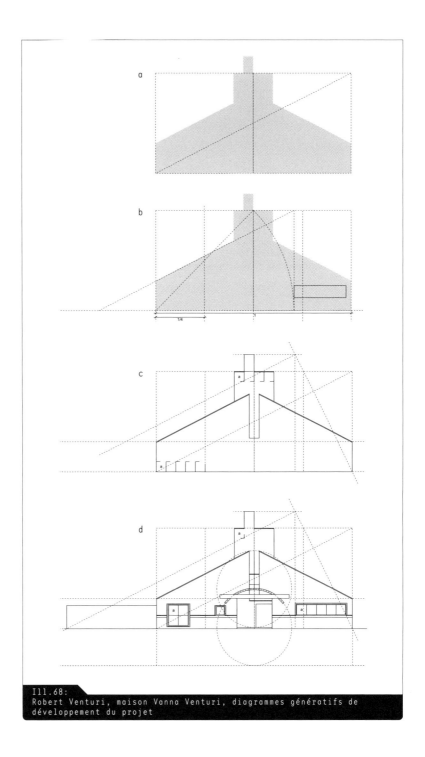

Ill.68:
Robert Venturi, maison Vanna Venturi, diagrammes génératifs de
développement du projet

55

la façade est ajourée par une fenêtre quadrangulaire traditionnelle, et de l'autre par des fenêtres en bandeau qui conviendraient parfaitement à la villa Savoye de Le Corbusier. L'arc au-dessus de l'entrée suggère toutefois une possible affinité cachée : chacun des côtés de la façade compte cinq carrés de fenêtre (disposés en longueur, à droite, et en carrés respectivement de quatre et une unité, à gauche) ; l'arc recoupe un des angles de la petite fenêtre carrée à gauche, et suggère à droite la présence d'un carré de même dimension qui n'existe pas (d).

Les rapports typologiques et morphologiques trouvent ici une vérification géométrique. La façade s'inscrit dans un double carré délimité par les murs latéraux de la maison et le volume de la cheminée (a). La diagonale de chaque carré, ramenée à la base du triangle dont elle forme l'hypoténuse pour obtenir une distance horizontale de $\sqrt{2}$, détermine l'emplacement des fenêtres (b). La pente du toit est une parallèle à la diagonale des deux carrés remontée jusqu'au côté supérieur du carré dont la diagonale mesure $\sqrt{2}$ (c). › III. 68

LA TRANSFORMATION D'UN MODÈLE SPÉCIFIQUE

La typologie n'est pas le seul moyen de se référer à un prédécesseur. L'architecte peut aussi faire d'un édifice historique spécifique le point de départ de son projet. Ainsi par exemple, le pavillon de l'Allemagne à l'Exposition universelle de 1929 à Barcelone, conçu par Ludwig Mies van der Rohe, a été influencé par toute une série de modèles non seulement architecturaux mais aussi artistiques. Les critiques ont signalé une parenté de son plan, où les parois sont disposées sur un schéma orthogonal comme des éléments indépendants qui forment parfois de longues avancées, avec les tableaux du mouvement De Stijl. D'autres caractéristiques, comme les angles en verre, pourraient évoquer les *Prairie Houses* de Frank Lloyd Wright. Mais l'influence de la tradition classique est sans doute plus décisive. Le plan du pavillon (comme celui du bassin voisin) reproduit – et ce n'est pas fortuit – les proportions du Parthénon d'Athènes. Les colonnes du temple grec correspondent aux parois du bâtiment d'exposition, et les parois de la cella aux piliers de Mies. Le bassin à l'intérieur du pavillon reprend la division du temple grec en adyton et opisthodome. Le bâtiment comprenait encore une statue féminine (réalisée aussi en 1929 par Georg Kolbe) qui occupait l'emplacement d'Athéna Parthénos. Durant l'exposition, une rangée de colonnes grecques devant la façade du pavillon donnait à l'ensemble un caractère antique prononcé qui est moins perceptible aujourd'hui. › III. 69

Lorsqu'on se réfère à d'anciennes œuvres architecturales, il est important de leur faire subir une transformation et de ne pas se contenter

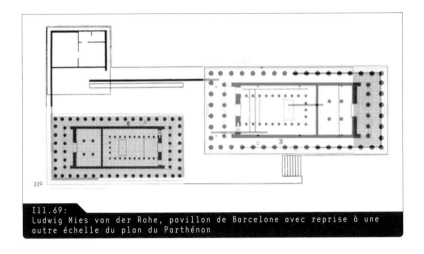

d'en imiter des éléments. La villa dall'Ava réalisée à Saint-Cloud, près de
Paris, en 1991, par Rem Koolhaas et l'OMA (Office for Metropolitan Architecture), témoigne d'une autre manière d'intégrer l'œuvre d'un prédécesseur. › Ill. 70 Mis au défi de réaliser un chef-d'œuvre, Koolhaas a décidé
d'adapter un modèle – en l'occurrence la villa Savoye (1930) de Le Corbusier
à Poissy, une localité voisine. Le Néerlandais a également repris les cinq
points de l'art de bâtir prônés par Le Corbusier : les pilotis, le plan libre, la
façade libre, les bandeaux de fenêtres et le toit-terrasse. Mais ces éléments
sont regroupés sous forme de fragments. Un segment de la paroi vitrée
incurvée du rez-de-chaussée de la villa Savoye se retrouve par exemple
dans la cloison de la cuisine de la villa dall'Ava. La première présente un
plan presque carré, tandis que la seconde est une variation sur un schéma
conforme au nombre d'or et subdivisé quatre fois selon le principe des
tracés régulateurs de Le Corbusier afin de déterminer les dimensions des
ailes du bâtiment. Mais Koolhaas transforme parfois les éléments cités : le
jardin sur le toit devient une piscine. L'enduit de stuc au décor géométrique
abstrait adoucit les façades en tôle ondulée. Les pilotis sous la chambre à
coucher à l'est heurtent la logique structurelle de la maison Domino de Le
Corbusier (1914). La transformation de la villa Savoye crée du sens, puisque
l'œuvre de Le Corbusier était elle-même déjà la transformation d'une villa
de Palladio, la villa Rotonda à Vicence.

La maison Lemoîne, réalisée en 1998 par l'OMA à Floirac, près de
Bordeaux, peut également être considérée comme une variation dérivée de
la villa Savoye. Le principe de l'architecture de la Renaissance adopté par
Le Corbusier – la paroi massive au rez-de-chaussée et les colonnes à l'étage

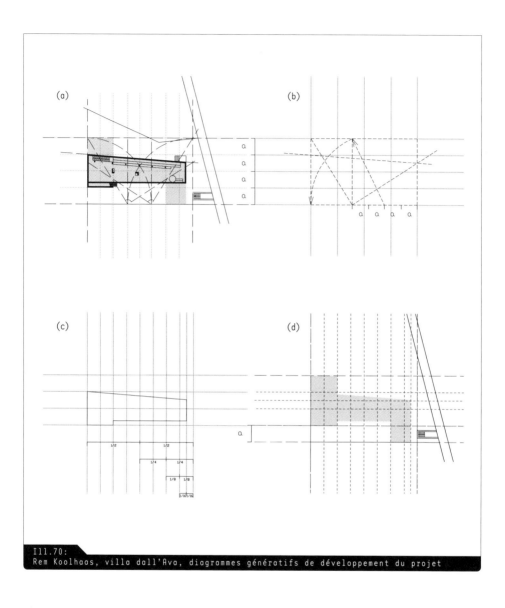

(a)

(b)

(c)

(d)

Ill.70:
Rem Koolhaas, villa dall'Ava, diagrammes génératifs de développement du projet

noble – est ici inversé : le rez-de-chaussée est enterré, l'étage noble est une construction de verre et le couronnement classique est un bloc suspendu d'aspect massif. Dans la villa dall'Ava, l'exemple emprunté au passé subit des transformations à plusieurs égards, certaines étant des citations plus abstraites et d'autres plus directes. L'ensemble donne un projet suggérant une dimension historique. › Ill. 70

Ill.71:
Adalberto Libera, Curzio Malaparte,
casa Malaparte

Ill.72:
Église de Lipari

Le modèle ne doit pas impérativement être un chef-d'œuvre architectural reconnu. La casa Malaparte réalisée en 1940 par Adalberto Libera et Curzio Malaparte sur l'île de Capri s'inspire en partie d'un modèle historique : son escalier tronqué insolite rappelle celui d'une église sur l'île de Lipari, où Malaparte avait vécu un temps en exil. › Ill. 71 et 72

Les architectes Herzog & de Meuron utilisent souvent des éléments qui ne possèdent pas une valeur architecturale particulière : pour la façade d'un immeuble d'habitation à la Schützenmattstraße à Bâle (1993), ils ont repris en l'amplifiant le dessin des plaques d'égout de la ville, et pour la Dominus Winery à Napa Valley, en Californie (1998), ils ont adopté un système de murs de terrasse très répandu dans les Alpes.

LES RÉPONSES AUX DONNÉES DU SITE À BÂTIR

LE RÉGIONALISME

On parle de régionalisme lorsque l'architecte essaie de réutiliser des caractéristiques locales ou régionales typiques. Ainsi, pour la maison Khuner construite par Adolf Loos en 1929 à Payerbach, en Autriche, l'architecte a choisi pour matériau le bois foncé, couramment employé dans cette région de montagne, alors qu'en ville, il préférait presque toujours les enduits au stuc. › III. 73

Les raisons esthétiques ne sont cependant pas les seules à motiver le recours à des matériaux et à des techniques locales. Les traditions régionales ont en effet donné naissance à des solutions architecturales éprouvées et parfaitement adaptées aux conditions climatiques (ensoleillement, température, humidité de l'air, etc.). Hassan Fathy passe pour l'un des pionniers du régionalisme et, pour ses maisons du village de New Gourna, en Égypte (1948), il a retrouvé des méthodes ancestrales comme l'emploi de la brique de terre crue, mettant à profit l'épaisseur des murs et les traditionnelles cours intérieures pour créer de la fraîcheur. Mais, outre les avantages techniques, cette méthode de construction a permis à Fathy d'associer la main-d'œuvre locale (qui constituait une partie des futurs habitants du village) au projet et à sa réalisation, et d'obtenir des résultats impressionnants à peu de frais. La villa Eila, conçue en 1995 par les architectes finlandais Mikko Heikkinen et Markku Komonen dans la ville de Mali, en Guinée, est un exemple de régionalisme contemporain adapté au soleil brûlant et à la forte humidité de l'air sur la côte tropicale de l'Afrique occidentale. › III. 74 et 75

Pour la maison Khuner, le choix du matériau de construction correspond bien à la tradition architecturale régionale, mais il est d'autres

Ill.73:
Adolf Loos, maison à Payerbach

Ill.74:
Hassan Fathy, architecture en brique
séchée

Ill.75:
Heikkinen et Komonen, villa Eila

caractéristiques que Loos n'a pas adoptées, comme le toit pentu par exemple. Cette réalisation peut donc être rangée dans le « régionalisme critique », pour reprendre l'expression d'Alexander Tzonis, Liane Lefaivre et Kenneth Frampton. Le point de vue de ce dernier est rétrograde : il prend ses distances tant envers le passé préindustriel qu'envers la croyance en le progrès des Lumières. Dans son analyse, le régionalisme critique se concentre sur les particularités locales afin de s'opposer à l'uniformité de la modernité capitaliste par une « déconstruction » de la culture mondiale dont elle a hérité et par une critique de la civilisation universelle. Sur le plan concret, Frampton conseille aux architectes de faire un emploi « tectonique » des matériaux locaux pour faire apparaître la construction effective plutôt que de réaliser des constructions abstraites et « génériques », typiques du modernisme international.

Les maisons construites par Mario Botta au Tessin à la fin des années 1970 et durant les années 1980 peuvent être considérées comme des exemples de régionalisme critique. En disciple de Le Corbusier, Botta applique la géométrie simple et abstraite du modernisme, mais il s'inspire de la tradition locale pour le choix des matériaux. Ses maisons imitent souvent les murs rayés caractéristiques de l'architecture urbaine du Tessin.

L'église construite en 1976 par Jørn Utzon à Bagsvaerd, près de Copenhague, est un exemple éclatant de régionalisme critique selon la définition de Frampton. Il s'en est d'ailleurs servi pour illustrer l'idée de synthèse affirmée de civilisation universelle et de culture mondiale. L'enveloppe extérieure en éléments de béton préfabriqués évoquant des constructions utilitaires pour l'agriculture, genre silos à céréales, se présente comme une réalisation exemplaire de la civilisation rationnelle universelle, tandis que l'intérieur, avec ses voiles de béton aux formes organiques réalisés sur place, fait allusion non seulement aux canons tectoniques de l'Occident,

Ill.76:
Mario Botta, maison à Ligornetto

Ill.77:
Architecture traditionnelle du Tessin

mais aussi à un modèle emprunté à l'Extrême-Orient, le toit des pagodes chinoises. Le bâtiment achevé évite aussi bien le sentimentalisme genre Heimatstil que le kitsch ecclésiastique actuel, donnant ainsi au spirituel, en une époque de laïcité, un fondement renouvelé qui se joint à une réaffirmation régionale. › Ill. 76 et 77

LE CONTEXTUALISME

L'adoption de particularités régionales n'est pas la seule réaction possible au site à bâtir. Certains architectes postmodernes comme O. M. Ungers établissent des diagrammes abstraits de la morphologie caractéristique d'un lieu (pente des toits, axes des fenêtres, couronnements, etc.) et tentent ensuite de développer une nouvelle composition présentant des caractéristiques similaires. Ungers l'a expérimenté en 1978 pour le plan d'une grande salle municipale à Hildesheim, en Allemagne.

La Media Tower à Vienne (1994–2001), de Hans Hollein, est un exemple plus probant encore de contextualisme distinct du projet typologique, parce que l'architecte n'a pas adopté le style traditionnel des immeubles viennois, préférant composer un mélange idiosyncrasique de divers éléments. Les façades, exception faite d'une haute tour en verre, reproduisent les teintes, les proportions et la disposition des fenêtres des bâtiments voisins. Mais Hollein n'a pas seulement créé des variations avec l'enveloppe extérieure pour la conformer à l'environnement bâti, il a aussi conçu une boîte de verre de forme insolite, inclinée, qui sert de point de mire à l'angle de la rue. › Ill. 78 et 79

Pour le projet du Museum für Kunsthandwerk de Francfort (1980–1984), › Ill. 81 Richard Meier a été plus abstrait dans sa manière de s'inspirer

Ill.78:
Hans Hollein, Media Tower, Vienne

Ill.79:
Hans Hollein, correspondances entre la
Media Tower et les façades voisines

du site (a). Il est parti d'une villa du 19ᵉ siècle dont il s'est servi comme module pour définir un damier de quatre cases sur quatre. Sur ce canevas, il a ensuite isolé les carrés des angles pour créer un type *castello*, dont le bâtiment d'origine forme une des quatre tours d'angle imaginaires. Les angles font supposer l'existence de deux axes principaux par lesquels Hollein fait passer les cheminements et qui divisent l'espace en quatre carrés (b). Mais la disposition est en réalité beaucoup plus complexe et répond à un programme beaucoup plus ambitieux qu'il n'y paraît au premier abord (d).

Le nouveau bâtiment a une forme de L enserrant l'ancienne villa (c). Cette disposition est peut-être une des raisons du déplacement des deux axes principaux vers le sud-est (e). Mais il y a d'autres centres encore qui attirent l'attention. Le second élément particulier est la cour qui termine l'axe de l'entrée. L'intérieur de la colonnade a une largeur d'un module et est entourée de promenoirs qui en élargissent l'espace. La largeur de la cour correspond à un tiers de celle du bâtiment, ce qui suggère que l'espace ouvert pourrait être le fragment d'une disposition selon un carré de trois modules de côté, avec une case libre au centre pour la cour. La troisième particularité, ce sont les fragments circulaires formant l'entrée du musée.

Ill.80:
Richard Meier, Museum für Kunstgewerbe, Francfort-sur-le-Main, élévation

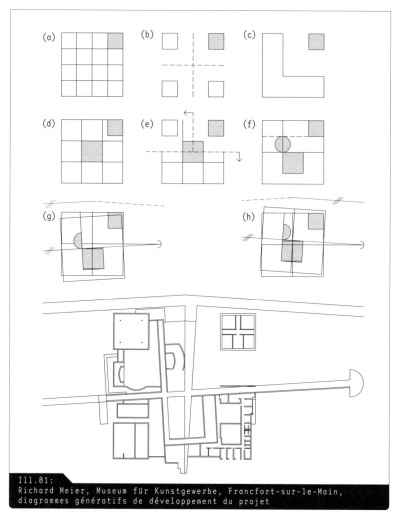

Ill.81:
Richard Meier, Museum für Kunstgewerbe, Francfort-sur-le-Main, diagrammes génératifs de développement du projet

Ill.82:
Daniel Libeskind, Jüdisches Museum,
Berlin, diagramme

La réunion de tous les fragments donne un cercle correspondant au canevas primitif (f). La fragmentation se fait par deux rotations du canevas dans l'alignement du quai du fleuve (Schaumainkai). › Ill. 80 et 81

Le Jüdisches Museum réalisé par Daniel Libeskind à Berlin (1989–2001) est un exemple de réponse déconstructiviste à l'environnement existant. Bien que l'architecte ait déjà utilisé précédemment des figures semblables en lignes brisées et qu'il ait pu être inspiré à l'origine par le projet de land art, *Rift*, réalisé en 1968 par Michael Heizer dans la première des Nine Nevada Depressions, la forme compliquée est ici une réaction aux environs immédiats, en particulier au bâtiment baroque de l'ancien musée, dont le nouveau devait être d'abord une extension.

L'art baroque met volontiers en évidence les diagonales et les dispositions radiales. Libeskind a donc placé ses zigzags de manière à ce que plusieurs des murs latéraux convergent vers la façade arrière de l'ancien bâtiment. Les différences de largeur dans le nouveau musée correspondent aux largeurs des ailes de l'ancien, avec ou sans corridor. Le jardin E.T.A. Hoffmann, dans le projet de Libeskind, a exactement les dimensions de la cour de l'ancien bâtiment. La composition comprend encore un axe qui recoupe le nouveau musée en plusieurs points et crée un espace vide non accessible au public. Les segments de l'axe situé à l'extérieur du musée donnent l'impression d'être des corps de bâtiment isolés et mal placés. › Ill. 82

LES PROCESSUS GÉNÉRATIFS

LE SCALING

Depuis certaine exposition présentée en 1969 au MoMA (Museum of Modern Art) de New York, Richard Meier fait partie d'un groupe d'architectes connu sous le nom de «The New York Five». Peter Eisenman, autre membre du groupe, a expérimenté des méthodes de projets encore plus rigoureuses et plus complexes. Influencé par les thèses du philosophe Jacques Derrida, pour qui aucune signification ne peut être fixe ou déterminable une fois pour toutes et aucun système ne peut être hermétique ou pur, Eisenman a développé une série de méthodes – ou plus précisément conçu une méthode pour chacun de ses projets – qui non seulement traitent de questions formelles mais prennent aussi en compte des informations non architecturales.

Le scaling (le résultat de la superposition, du changement d'échelle, de la rotation et de la fragmentation) est un bon exemple des techniques employées par Eisenman. Le concept est emprunté à la géométrie fractale qu'Eisenman trouvait bien adaptée à la notion derridienne de déconstruction. Selon cette méthode, le démantèlement des structures repousse les limites des structures conceptuelles. Dans un fractal, une figure identique à elle-même est itérée à diverses échelles, et aucune de ces échelles ne peut être considérée comme l'échelle d'origine. Eisenman a été séduit par cette absence d'échelle originaire où il retrouvait l'idée de Derrida selon

Ill.83:
Peter Eisenman, Biozentrum, Francfort-sur-le-Main, diagramme

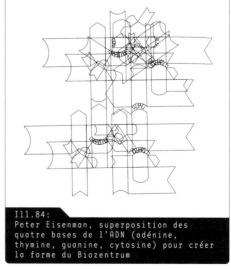

Ill.84:
Peter Eisenman, superposition des quatre bases de l'ADN (adénine, thymine, guanine, cytosine) pour créer la forme du Biozentrum

laquelle la signification n'a pas de source originaire. À la différence de nombre d'autres architectes, il ne s'est cependant pas servi des fractals en tant que tels. Sa méthode consiste plutôt à superposer plusieurs dessins à des échelles différentes, comme il l'a fait en 1987 pour le Biozentrum de l'université de Francfort-sur-le-Main. Cette superposition donne naissance à un réseau complexe de lignes parmi lesquelles il choisit des figures associant des fragments de divers dessins, sans y ajouter de nouvelles lignes.

> Ill. 83 et 84

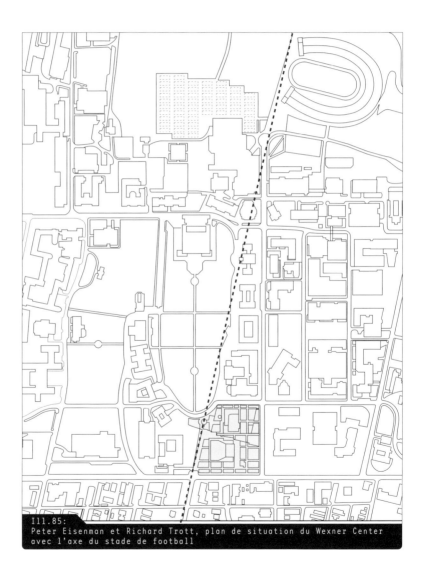

Ill.85:
Peter Eisenman et Richard Trott, plan de situation du Wexner Center avec l'axe du stade de football

Ill.86:
Old Armory (à gauche) et nouveau bâtiment du Wexner Center (à droite), Ohio State University

Le premier grand édifice déconstructiviste est le Wexner Center de Peter Eisenman et Richard Trott (1983–1989). Il sape la conception traditionnelle du contextualisme par l'emploi du scaling. Il ne présente pas de réponse à son environnement bâti (le campus de l'Ohio State University), mais plutôt à des réalités physiques éloignées dans l'espace ou dans le temps, à la manière des mosquées orientées vers La Mecque. La solution formelle se base sur le réseau de rues de la ville de Colombus, introduit dans le réseau du campus avec lequel il présente un décalage de 12¼°, tandis que l'emplacement et les axes principaux du bâtiment sont manifestement déterminés par le stade de football, distant de plusieurs blocs. Il existe même un lien avec un lieu qui se situe à 130 kilomètres de Colombus : à l'extrémité nord du terrain, la collision complexe mais rationnelle entre les deux trames est une réplique de ce qu'Eisenman appelle Greenville Trace. Il s'agit là d'un décalage apparu dans le Jeffersonian Grid (plan en damier divisant le territoire des États-Unis, datant de 1784) parce que les deux équipes d'arpenteurs chargés du relevé de l'Ohio à partir de deux directions opposées s'étaient trompées d'un mile. Même quand Eisenman imite des bâtiments plus anciens, la référence est décalée dans le temps : ainsi les tourelles postmodernes s'inspirent de l'Old Armory, une salle de gymnastique démolie en 1958. Ces différents matériaux sont inscrits sur des diagrammes reproduits à diverses échelles et superposés pour produire un tissu complexe. L'architecte choisit ensuite quelques lignes de cette composition afin de suggérer des fragments des dessins d'origine.

> Ill. 85, 86 et 87

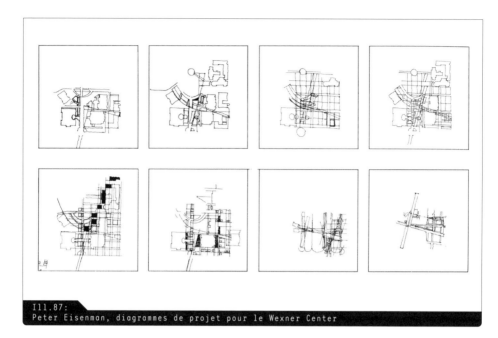

Ill.87 :
Peter Eisenman, diagrammes de projet pour le Wexner Center

LE MORPHAGE, LE PLIAGE ET LA FORME ANIMÉE

Eisenman a également expérimenté d'autres méthodes de traitement d'images existantes. À la fin des années 1980, la technique du « morphage » (*morphing* en anglais), rendue possible par un logiciel de prix abordable, connut une vogue momentanée. On prenait deux images (ou plus) sur lesquelles on choisissait quelques points importants. Les images étaient ensuite progressivement fondues l'une dans l'autre. Le projet représentait généralement un état intermédiaire du processus de transformation, un stade auquel les propriétés des images d'origine étaient devenues méconnaissables. Ben van Berkel et Caroline Bos, pour décrire l'approche adoptée par leur bureau UN Studio, ont souvent cité une image « morphée » de l'artiste Daniel Lee, qui a pour titre *Manimal* et représente, fusionnées, des images d'un lion, d'un serpent et d'un visage humain.

Un peu plus sérieusement, le morphage a été mis en relation avec l'œuvre du biologiste D'Arcy Wentworth Thompson qui, en 1916, affirma que le développement d'une morphologie scientifique avait été complètement entravé par la tendance psychique à percevoir les formes toujours selon la divergence qu'elles présentent par rapport à la géométrie euclidienne plutôt que d'en apprécier les similitudes. Ce genre de variations à

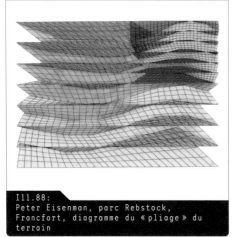

Ill.88:
Peter Eisenman, parc Rebstock,
Francfort, diagramme du «pliage» du
terrain

Ill.89:
Peter Eisenman, parc Rebstock, corps de
bâtiment manipulés par pliage

partir de formes de base se retrouve par exemple dans le Welsh National Opera réalisé en 1994 par Greg Lynn à Cardiff, au pays de Galles.

Autre technique utilisée, le «pliage» (*folding*) a été parfois compris très littéralement à la manière d'un jeu d'origami (par exemple dans le projet d'Eisenman pour le Rebstock Park à Francfort, de 1991), et d'autres fois comme une adaptation de la théorie des catastrophes ou de la théorie du chaos. › Ill. 88 et 89

À l'origine, le mathématicien français René Thom avait mis au point la théorie des catastrophes comme méthode de description mathématique de la morphogenèse biologique. Dans les années 1990 surtout, plusieurs disciples d'Eisenman tentèrent de mettre à profit ces théories pour la création de formes. Lynn par exemple demandait une «forme animée» qu'il développait en intégrant dans ses projets des informations externes, comme le changement d'éclairage, afin de produire des dispositions architecturales émergentes, inattendues, imprévisibles et totalement nouvelles.

Dans le projet non réalisé de Greg Lynn, Hydrogen House à Vienne (2001), une des idées maîtresses était que le bâtiment devait enregistrer les mouvements des voitures et du soleil sur des surfaces continues cohérentes faites de splines, courbes élégantes tracées par ordinateur. D'une manière qui rappelle les chronophotographies réalisées vers la fin du 19e siècle par le physicien français Étienne Jules Marey, Hydrogen House suggère un mouvement en disposant les variations d'une forme en une succession

Ill.90:
Greg Lynn, Hydrogen House, maquette

linéaire. La forme n'est pas à proprement parler animée puisque le bâtiment ne bouge pas, mais ses surfaces enregistrent les mouvements du milieu ambiant. › ill. 90

LE « DATASCAPE »

Avec Winy Maas, architecte néerlandais, un des associés du collectif MVRDV, l'impulsion générative dans la méthode architecturale se développe dans une autre direction. Le concept de «datascape» («paysage de données») associe des systèmes déconstructifs et l'approche de la recherche sur le projet, souvent avec un soupçon d'ironie.

L'idée des «datascapes» réalise un fragile équilibre entre, d'une part, une rationalité technique effrénée et, d'autre part, le regard moqueur ou critique sur le modernisme. Maas a choisi par exemple de partir des prescriptions des règlements de construction de son pays, mais il a aussi transformé en projets des issues de secours, des diagrammes de répartition du bruit ou des systèmes d'élimination des ordures. Les dispositions et les restrictions sont effectivement appliquées, mais aussi poussées jusqu'à l'absurde avec une logique implacable. L'intention qui se cache là-derrière est de présenter les directives sous une forme pure et inattendue qui aille au-delà de l'intuition artistique et des géométries connues.

Le projet de MVRDV *Monuments Act 2*, de 1996, illustre bien cette méthode. Le thème étudié ici est la densification du centre urbain

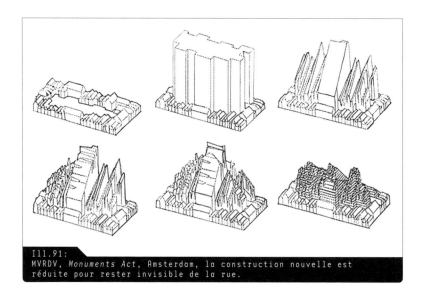

d'Amsterdam, pour laquelle la loi sur les monuments historiques prescrit que les nouvelles constructions ne doivent pas être visibles depuis la rue. La cour intérieure d'un îlot typique du 18ᵉ siècle, offrant une densité de population de 0,8, a donc été remplie au maximum en respectant l'exigence de non-visibilité depuis les rues alentour. Le volume ainsi construit, en forme de pointe, permet de faire monter la densité d'habitat du bloc au taux étonnant de 7,8. Mais un tel «datascape» n'est manifestement pas un projet normal, parce que la construction nouvelle ne tient compte que d'un seul paramètre, la non-visibilité depuis la rue, au détriment des autres prescriptions et des besoins fonctionnels. › ill. 91

LES DIAGRAMMES

Ben van Berkel et Caroline Bos préconisent quant à eux l'emploi de «diagrammes», qui sont un moyen abstrait de réflexion sur les dispositions, les relations et les mondes possibles, un moyen conçu comme une machine abstraite au sens où l'entendait Gilles Deleuze. «[Cette machine] ne représente aucun objet existant, aucune situation réelle, mais contribue à la création de situations et d'objets nouveaux.» Les diagrammes utilisés par van Berkel et Bos sont de types très divers: organigrammes, notations musicales, dessins schématiques de bâtiments industriels, schémas électriques tels qu'on en rencontre dans les manuels, les reproductions de peintures, les images produites aléatoirement. Ils sont ensuite interprétés comme des cartes infrastructurelles de mouvement, sans aucune considération de leur origine.

Pour la maison Möbius à Het Gooi, aux Pays-Bas (1997), van Berkel et Bos se sont servis de certaines propriétés de diagrammes, et notamment aussi d'un dessin de Paul Klee. Les lignes d'accès dans le bâtiment sont pliées vers l'intérieur et vers l'extérieur comme sur le dessin de Klee. Le nom de la maison évoque le ruban de Möbius, autre diagramme que l'on obtient en formant une boucle avec un ruban de papier coupé et recollé après lui avoir imprimé une torsion de 180° : la surface ainsi créée paraît avoir deux côtés, alors qu'elle n'en a en réalité qu'un seul.

Mais au lieu de reproduire simplement les propriétés topologiques du ruban de Möbius, les architectes interprètent cette structure mathématique comme une inversion des contraires. Les façades deviennent des parois intérieures, le verre et le béton s'inversent à chaque changement de direction ; quant au programme architectural, un lien s'établit entre le travail et le loisir ; quant à la technique de construction, les éléments porteurs se muent en éléments non porteurs.

La maison a été conçue comme un cycle de vie, de travail et de sommeil sur vingt-quatre heures, avec deux cheminements entrelacés qui suivent la manière dont deux personnes peuvent vivre séparément sous le même toit en se rencontrant aux points formés par les espaces d'utilisation commune. › Ill. 92 et 93

Douglas Graf travaille également avec des diagrammes qui ne représentent aucune réalité autonome. Pour lui, le diagramme ne fait pas

Ill. 92 :
UN Studio, dessin de Paul Klee utilisé
comme diagramme pour la maison Möbius

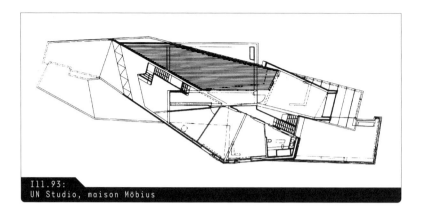

seulement le lien entre les typologies qui déterminent les éléments cons-
titutifs d'une composition architecturale, mais aussi entre les propriétés
spécifiques d'un bâtiment précis et les propriétés générales qui consti-
tuent un discours architectural spécifique, enfin entre l'immobilité de la
configuration et la dynamique de l'opération. Un exemple permettra de
comprendre ce que Graf entend par là : l'interprétation qu'il a donnée de la
maison familiale réalisée en 1978 par Frank Gehry. Graf a non seulement
tenté de sonder les intentions de Gehry, mais aussi cherché à savoir comment le plan produit un jeu entre le centre et la périphérie, entre ouverture
et fermeture. › Ill. 94

La maison se compose de deux éléments principaux : un pavillon de
plan carré et une barre. Le pavillon peut être considéré comme le centre,
entouré d'une bordure que marque la barre. C'est à celle-ci que nous nous
intéresserons d'abord. › Ill. 95 Dans notre vision courante de la géométrie,
une ligne infinie est constituée de points identiques. Mais il n'en va pas
de même pour un segment fini, où les points extrêmes se distinguent des
autres, et où l'existence de termes implique celle d'un milieu (a). La barre
construite par Gehry tient compte de cette distinction propre à chaque
structure linéaire. Le milieu est caractérisé par un espace vide (hall) tandis
que l'attention est attirée vers les petits côtés, qui sont conçus de manière
très différente l'un de l'autre : le premier fermé et achevé, le second ouvert
voire en désintégration (b). Le contraste entre ouverture et fermeture se ré-
pète sur les longs côtés : le côté tourné vers le cube présente un aspect lisse
et clos, alors que la façade arrière affiche divers éléments parmi lesquels
un balcon et un escalier, qui tous deux font saillie. Ces éléments saillants
définissent une strate qui correspond à celle que forme le hall à l'intérieur.
Gehry suggère ainsi que le hall obéit à une disposition symétrique qu'il
s'empresse ensuite de rompre. › Ill. 94 La terrasse à l'extrémité de la barre

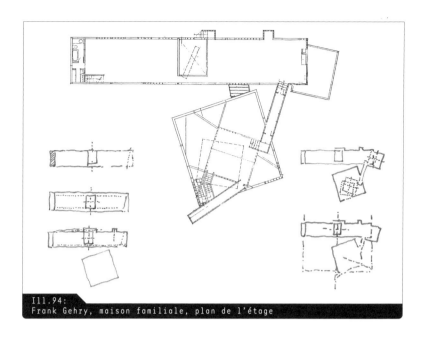

fait l'effet d'un volume cubique entouré de matériaux à revêtement blanc de manière à former un pavillon (c). Une géométrie pentagonale brise la régularité rectangulaire de la barre et du pavillon (d).

Cette réalisation présente une disposition rigoureusement logique plutôt inattendue chez Gehry. Les angles apparemment arbitraires que forment les passerelles et le carré tourné sont en réalité issus d'un pentagone régulier. En dessinant deux pentagones identiques, on peut relier le pavillon à la barre et au hall central. L'axe médian de la barre, considérée dans toute son extension, recoupe sur la façade celui du pavillon. Le couloir correspond au balcon à l'extrémité de la barre. La largeur de cette dernière est proportionnelle à sa longueur. La diagonale de la demi-barre est parallèle au côté du pavillon (e).

Si le style et le langage formel de cette maison familiale de Gehry portent la marque caractéristique du déconstructivisme, les thèmes abordés par cette architecture sont des questions fondamentales et intemporelles de l'architecture. Graf nous rappelle ainsi que déjà l'Acropole de Pergame, par exemple, mais aussi la chapelle Notre-Dame-du-Haut à Ronchamp, de Le Corbusier, proposent des solutions à ces problèmes. Les mêmes motifs formels, y compris le centre avancé, la bipolarité, le contraste entre l'objet et sa périphérie, la symétrie et sa négation, y sont déclinés à toutes les échelles possibles.

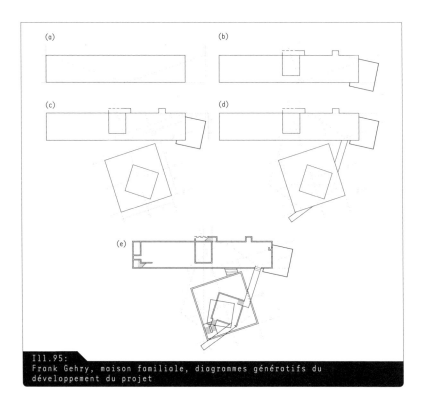

Ill.95:
Frank Gehry, maison familiale, diagrammes génératifs du
développement du projet

LE PROJET PARAMÉTRIQUE

La méthode paramétrique consiste à choisir un certain nombre de paramètres indépendants les uns des autres et à les soumettre à des variations systématiques en fonction de critères définis afin d'obtenir non pas *un* objet, mais une série de variations. On donne habituellement une interprétation géométrique à ces paramètres.

On ne parle généralement de morphogenèse soumise à des règles géométriques qu'en rapport avec les systèmes de conception moderne assistés par ordinateur, mais des idées de ce genre avaient déjà été envisagées du temps des pionniers de l'architecture moderne au tournant du 20e siècle. Antoni Gaudí ne fut pas seulement l'inventeur de formes organiques audacieuses, il appliqua aussi des méthodes rationnelles destinées à lui permettre de les développer de la même manière et de les optimiser, comme le font les architectes de nos jours. Suspendue à des cordes auxquelles étaient attachés des poids, la maquette utilisée pour la chapelle de la colonia Güell, près de Barcelone (1898–1915) est le meilleur exemple de ses projets paramétriques. › Ill. 96

Pour la bonne compréhension du fonctionnement de cette méthode, il convient d'expliquer la notion de «courbe caténaire», dite aussi «chaînette». Lorsqu'un câble (ou une corde) de poids égal sur toute sa longueur est suspendu par ses extrémités et qu'il n'est soumis à aucune autre force que la gravitation, il prend une forme proche de la parabole. Pour simplifier, on peut dire que cette forme est caractéristique des ponts suspendus, tel le célèbre Golden Gate Bridge à San Francisco, où le poids de la chaussée est réparti de manière régulière sur les câbles suspendus au-dessus d'elle. Une chaînette ne subit que des efforts de traction. Mais si l'on retourne cette forme de 180°, on obtient un arc qui n'est soumis qu'à la force de compression. Ou pour le dire en d'autres termes, le poids du matériau agit le long de la courbe sans engendrer de forces latérales. Le Gateway Arch, d'Eero Saarinen, à Saint Louis aux États-Unis (1947–1966) présente une forme qui s'approche de la chaînette. › ill. 97

Bien que les arcs caténaires n'engendrent pas de forces latérales susceptibles de les briser, ce sont des structures bidimensionnelles qui risquent facilement de tomber, sous l'action du vent par exemple. En architecture, on les étire donc souvent horizontalement pour créer une voûte. C'est le cas par exemple du palais de Ctésiphon, dans l'ancienne Perse, construit vers 400 ap. J.-C. › ill. 98 Il est aussi possible de faire tourner l'arc sur son axe médian pour donner naissance à une coupole de section caténaire. C'est ainsi que Christopher Wren a dessiné la coupole intérieure de la cathédrale Saint-Paul à Londres, de 1673.

Avec la chaînette, Gaudí voulait développer une construction d'église idéale. Dans l'Antiquité romaine, le tracé des arcs, des voûtes et des coupoles était généralement basé sur le cercle. Les architectes du gothique

Ill.96:
Antoni Gaudí, colonia Güell, vue intérieure de la crypte

Ill.97:
Eero Saarinen, Gateway Arch, Saint Louis

Ill.98:
Ctésiphon, voûte élevée selon le
principe de la chaînette

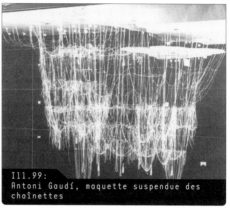

Ill.99:
Antoni Gaudí, maquette suspendue des
chaînettes

découvrirent plus tard qu'il était possible de franchir d'aussi longues portées avec moins de matériau en construisant des arcs et des voûtes en ogive, où les forces latérales sont moindres. La voûte gothique n'est pas parfaite pour autant, puisqu'il faut construire des arcs-boutants pour contenir la poussée latérale. En revanche, un arc en chaînette, une voûte ou une coupole formées d'après cet arc n'ont pas besoin de butée.

L'imposante maquette de Gaudí (4 × 6 m) est construite sur le principe des chaînettes. C'est un système de cordes dont les premières ne sont pas lestées par des poids, puis l'architecte fait varier la longueur des cordes, leurs points d'attache, les poids qui leur sont attachés, etc. Chaque nouvelle attache, chaque nouveau poids modifie la forme de l'ensemble de la surface, comme c'est le cas en effet dans une conception paramétrique. Gaudí fit photographier chaque étape puis opéra son choix en fonction de l'effet spatial qu'il avait imaginé. Il put ainsi, avant l'ère des ordinateurs, déterminer avec une très grande précision des surfaces complexes et s'assurer qu'une fois posée à l'envers, sa construction ne serait plus soumise qu'à des efforts de compression. › Ill. 99

Si la maquette de Gaudí représente un moyen de détermination de la construction idéale pour un type de plan donné, le projet des Foreign Office Architects (Farshid Moussavi et Alejandro Zaera-Polo) pour le centre d'enregistrement portuaire de Yokohama (1996–2001) joue sur l'interaction entre trois facteurs : le programme, l'environnement et les propriétés des matériaux de construction. Comme le programme prévoyait un débarcadère, les architectes ont conçu leur projet autour de l'idée d'accès. Un bâtiment d'enregistrement est habituellement une porte d'arrivée et de départ,

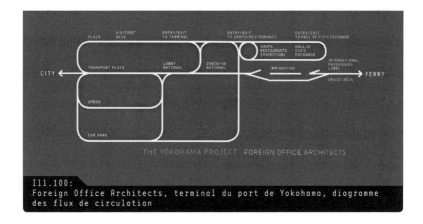

Ill.100:
Foreign Office Architects, terminal du port de Yokohama, diagramme
des flux de circulation

mais Moussavi et Zaera-Polo ont voulu définir une aire de mouvement sans
orientation nette. Les accès pour les piétons, les voitures, les camions, etc.,
sont distincts, et chacune de ces voies a la forme d'une boucle. › Ill. 100

Les architectes ont également souhaité créer une forme mixte entre
hangar et débarcadère en traitant le plan horizontal de manière à ce qu'il
puisse aussi renfermer un volume. Les formes du débarcadère primitif sont
donc comme pliées pour donner naissance à un bâtiment à plusieurs étages
qui paraît sortir de terre comme un organe vivant. Enfin la troisième tâche
consistait à étudier les possibilités constructives des matériaux choisis,
à savoir le béton et le verre. Il s'agissait d'abord de déterminer quelles
étaient les portées et les encorbellements possibles. › Ill. 101 et 102

Dans un projet paramétrique, l'architecte n'impose pas une conception formelle imaginée de haut en bas, mais travaille de bas en haut à l'aide
du calcul cumulatif des paramètres, faisant naître une forme inattendue
par un algorithme calculé à l'aide de l'ordinateur. L'informatisation du
processus de projet a d'autres conséquences encore. Au lieu de concevoir
un objet individuel, l'architecte définit un type élémentaire qu'il peut ensuite adapter à un environnement et modifier en fonction des désirs du
maître d'ouvrage. La Variomatic House présentée à la fin des années 1990
par l'architecte néerlandais Kas Oosterhuis en est un bon exemple : le maître d'ouvrage pouvait consulter le projet sur un site Internet et le modifier
au moyen d'un logiciel conçu pour des jeux informatiques ; les spécifica-
tions étaient ensuite envoyées directement aux maîtres d'état mandatés
pour la réalisation des éléments de la maison. Le projet paramétrique peut
être associé à une production de masse adaptée au client et à des procédés

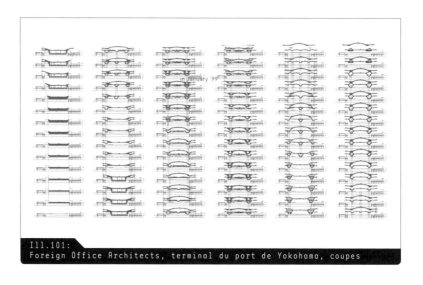

Ill.101:
Foreign Office Architects, terminal du port de Yokohama, coupes

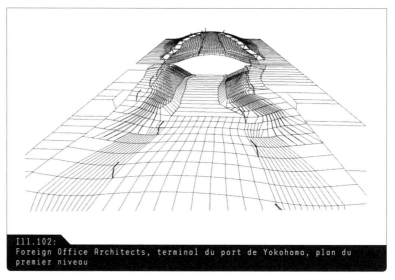

Ill.102:
Foreign Office Architects, terminal du port de Yokohama, plan du premier niveau

de fabrication, et réunit donc les avantages financiers de la production industrielle et la prise en compte des désirs particuliers des clients. Cette double qualité a toujours été une caractéristique de l'architecture traditionnelle. Mais en offrant au maître d'ouvrage la possibilité de participer activement à la conception formelle de l'objet architectural, les méthodes paramétriques inaugurent un nouveau chapitre dans l'histoire de l'art de concevoir une architecture.

CONSEILS PRATIQUES

À la diversité des tâches de projet architectural doit correspondre celle des méthodes appliquées. Pour concevoir un immeuble d'habitation dans un tissu urbain ancien, par exemple, il est généralement indiqué d'adopter une méthode contextuelle et de veiller à ce que l'ouvrage s'intègre dans son environnement. En revanche, les systèmes aléatoires, telles les méthodes surréalistes ou déconstructivistes, donnent naissance le plus souvent à des formes insolites qui captent l'attention et entraînent généralement des coûts de construction élevés.

Si au contraire l'ouvrage doit être réalisé à un prix raisonnable, la méthode modulaire s'avère opportune. En modifiant un modèle typologique ou réel, on peut rendre lisible aux usagers un programme architectural déroutant. La participation directe des utilisateurs au processus de conception peut donner ensuite de bons résultats si l'on sait qui ils seront et si on leur donne les outils permettant de choisir entre plusieurs solutions pertinentes. Les projets paramétriques sont surtout appropriés lorsqu'il y a une raison de produire une série d'éléments similaires avec des variations. Chaque méthode a ses points forts et ses faiblesses.

Il existe encore une autre méthode : l'intuition. Plusieurs architectes, à l'instar de Frank Lloyd Wright, affirment avoir imaginé en rêve leurs projets jusque dans les moindres détails. Que cette allégation soit vraie ou non, l'inspiration à elle seule ne suffit pas. Le philosophe Karl Popper nous invite en effet à distinguer entre le contexte de la découverte et celui de sa justification. On connaît l'anecdote de la pomme qui a inspiré à Newton sa théorie sur la loi de la gravitation ; mais sa théorie est avant tout justifiée parce qu'elle s'accorde avec des faits et avec d'autres théories et parce que ce savant a su le discerner. Comme le disait Louis Pasteur en 1854, le hasard ne favorise que les esprits qui y sont préparés.

Plutôt que d'intuition, il serait peut-être judicieux de parler de compétence. Seul celui qui a suffisamment assimilé le savoir lié à son domaine pour pouvoir parvenir très rapidement à la bonne solution sera aussi capable de le faire sans réfléchir. En ce sens, l'intuition est importante pour les architectes, qu'ils appliquent ou non une méthode de projet spécifique. Les procédés décrits ici peuvent aider l'architecte à développer un projet complexe sans qu'il soit condamné à attendre désespérément l'inspiration, mais ils ne sont en aucun cas un garant de réussite. Pour pouvoir discerner quel est le meilleur projet, l'architecte doit avoir assimilé le discours architectural et comprendre le rôle de l'architecture dans la société. C'est de cette intelligence que dépend en fin de compte la compétence professionnelle.

ANNEXES

RÉFÉRENCES BIBLIOGRAPHIQUES

Christopher Alexander: *A Pattern Language. Towns, Buildings, Construction*, Oxford University Press, New York 1977

Peter Eisenman: *Diagram Diaries*, Thames & Hudson, London 1999

Foreign Office Architects: *The Yokohama Project*, Actar, Barcelona 2002

Jacqueline Gargus: *Ideas of Order*, Kendall-Hunt, Dubuque, Iowa 1994

Douglas E. Graf: *Diagrams*, in: Perspecta Vol. 22, 1986, S. 42–71

Bill Hillier, Julienne Hanson: *The Social Logic of Space*, Cambridge University Press, Cambridge 1988

Greg Lynn: *Animate Form*, Princeton Architectural Press, New York 1999

William John Mitchell: *The Logic of Architecture: Design, Computation, and Cognition*, MIT Press, Cambridge, Mass. 1990

Elizabeth Martin: *Architecture as a Translation of Music*, Princeton Architectural Press, New York 1996

Mark Morris: *Automatic Architecture, Design from the Fourth Dimension*, University of North Carolina – College of Architecture, Charlotte 2006

Colin Rowe: *Mathématique de la villa idéale, et autres essais*, trad. Frank Straschitz, Hazan, Paris 2000

Robert Venturi: *Mother's House. The Evolution of Vanna Venturi's House in Chestnut Hill*, Rizzoli, New York 1992

CRÉDITS ICONOGRAPHIQUES

Illustrations 35, 36, 61,62,63, 68, 85, 94, 95	Stefan Arbeithuber (dessins)
Illustrations 20, 71, 72, 73, 74, 75, 78, 79, 97, 98	Kari Jormakka (photos, dessins)
Illustrations 19, 70, 80, 81	Claudia Kees (dessins)
Illustrations 1,5, 10, 14, 38, 82, 86	Dörte Kuhlmann (photos, dessins)
Illustrations 70, 83, 84, 87, 88, 89, 91	Marta Neic (dessins d'après original)
Illustrations 11, 12, 17, 18, 21, 45, 51, 65, 66, 69,101, 102	Alexander Semper (dessins d'après original)

LES AUTEURS

Kari Jormakka, ingénieur, professeur de Théorie de l'architecture, Technische Universität, Vienne

Oliver Schürer, ingénieur, assistant à la chaire de Théorie de l'architecture, Technische Universität, Vienne

Dörte Kuhlmann, ingénieur, professeur extraordinaire de Théorie de l'architecture, Technische Universität, Vienne

AVEC LA COLLABORATION SCIENTIFIQUE DE :

Gareth Griffiths, lecteur à l'Université technique d'Otaniemi, Finlande

Alexander Semper, ingénieur, assistant d'études à la chaire de Théorie de l'architecture, Technische Universität, Vienne

DESSIN DES EXEMPLES :

Claudia Kees
Stefan Arbeithuber

COLLABORATEURS DE RÉDACTION :

Christina Simmel, assistant d'études à la chaire de Théorie de l'architecture, Technische Universität, Vienne

Marta Neic, assistant d'études à la chaire de Théorie de l'architecture, Technische Universität, Vienne

Directeur de collection : Bert Bielefeld
Conception : Bert Bielefeld, Annette Gref
Mise en page et couverture : Muriel Comby
Traduction : Laurent Auberson
Révision : Thomas de Kayser

Information bibliographique de la Deutsche
Nationalbibliothek
La Deutsche Nationalbibliothek a répertorié cette
publication dans la Deutsche Nationalbibliografie ;
les données bibliographiques détaillées peuvent
être consultées sur Internet à l'adresse suivante :
http://dnb.d-nb.de.

Ce livre est aussi paru en version
allemande (ISBN 978-3-7643-8462-3) et
anglaise (ISBN 978-3-7643-8463-0).

© 2008 Birkhäuser Verlag AG
Basel · Boston · Berlin
Case postale 133, CH-4010 Bâle, Suisse
Membre du groupe d'éditeurs spécialisés
Springer Science+Business Media

Imprimé sur papier sans acide, composé de
tissus cellulaires blanchis sans chlore. TCF ∞
Printed in Germany

ISBN 978-3-7643-8464-7
9 8 7 6 5 4 3 2 1   www.birkhauser.ch

BIRKHÄUSER

Autres titres parus dans cette collection:

Conception
Basics Concevoir l'habitat
Jan Krebs
978-3-7643-7953-7

Basics Idée de projet
Bert Bielefeld, Sebastian El khouli
978-3-7643-8111-0

Basics Matérialité
M. Hegger, H. Drexler, M. Zeumer
978-3-7643-7954-4

Représentation graphique
Basics CAO / DAO
Jan Krebs
978-3-7643-8108-0

Basics Dessin technique
Bert Bielefeld, Isabella Skiba
978-3-7643-77951-3

Basics Maquettes d'architecture
Alexander Schilling
978-3-7643-7956-8

Construction
Basics Baies de façade
Roland Krippner, Florian Musso
978-3-7643-8467-8

Basics Construire en bois
Ludwig Steiger
978-3-7643-8103-5

Basics Construire en maçonnerie
Nils Kummer
978-3-7643-7955-1

Basics Construction de toitures
Tanja Brotrück
978-3-7643-7952-0

Basics Systèmes porteurs
Alfred Meistermann
978-3-7643-8106-6

Exercice de la profession
Basics Gestion de projet
Hartmut Klein
978-3-7643-8470-8

Urbanisme
Basics Morphologie urbaine
Thorsten Bürklin, Michael Peterek
978-3-7643-8461-6